はじめに

「地域に飛び出す公務員ネットワーク」（以下「飛び公ネット」という）の活動を始めたのは2008年で、メーリングリストを中心としたゆるいネットワークだった。全体の集まりは、「地方公務員有志の会」（当時の会長は、三重県職員の山路栄一さん）などとのコラボで開催した程度であったが、地域別のオフ会は自主的に何度か開催されていた。

そして、3年後の2011年には「地域に飛び出す公務員を応援する首長連合」（以下「首長連合」という）を創設していただいた。その後は、毎年開催されている首長連合サミットに多くの飛び公ネットのメンバーが参加するとともに、その事務局は飛び公ネットの皆さんが勤めている。

「地域に飛び出す公務員」（以下「飛び公」という）は、飛び公ネットのメンバーでなければならないとか首長連合に参加している自治体の職員でなければならないとかいうものではない。公務員特に地方公務員は、本来的に仕事をして給料さえもらえばいいというものではなく、プラスワンで地域活動や社会貢献活動をすべきものであり、それを形にしたのが「飛び公」運動である。

私自身はそのような活動をしている人たちを自治体勤務の機会にたくさん見てきて、なんとかそのような実態を世の中に伝えたり、もっとアピールしたりしたいと考えてきた。

その当時は、「飛び公」はたくさんいても、まだまだ肩身の狭い思いをしたり、変人扱いをされたりし

地域に飛び出す公務員を応援する首長連合のロゴマーク

ている人が多かった。しかし、今はどうだろう。我々の運動の成果だけでなく、平成から令和という時代の潮流が彼らを表舞台に押し出していったように感じる。民間企業も含めて副業や兼業のメリットを積極的に認める時代になり、転職もかなり自由になった。

かくして、公務員は地域活動や社会貢献活動だけでなく、公務で培ったスキルを活かしてさまざまな所に飛び出して行っている。民間企業のみならず他の自治体への転職も多くなってきており、政治家に転向する人も増えている。早期退職して自分で事業を始める人、大学教員などになる人も多い。またこの流れは当初私が想定していた地方公務員にとどまらず、国家公務員にも及んでいる。

十数年前には、特異な存在、変人と言われていた「飛び公」が時代の流れとともに、表舞台に出てきて世間から評価されるようになっている。私が現役時代に創設した地域おこし協力隊とのコラボもこのような評価に貢献したに違いない。しかし、地域おこし協力隊は研究論文にも多く取り上げられ、我々もたびたび出版をしてきたが、「飛び公」は残念ながらそこまでいっていないのが現状である。

そこで、私のライフワークである「地域おこしと人材育成」の集大成として、編著者の皆さんの賛同と協力を得て、全国の「飛び公」およそ100人を募ってその体験談を披露してもらい世の中に問うてみることを決意した。今や私が知らないたくさんの「飛び公」が全国で活躍しており、本当にさまざまな「飛び公」がいるものだと感慨深い。

どうか皆さんも公務員の悪いところだけをみたり、一部の間違いを起こした公務員をあたかも公務員の全体像であると考えたりするのではなく、こんな素晴らしい公務員もたくさんいるのだ、と認識を深めてほしい。

それが、この本の一番の狙いであり、世の中に問うべき目標であり、私の「飛び公」活動の集大成である。

一般財団法人地域活性化センター理事長

椎川　忍

目次

2 飛び出し方にスタイルはない……49

3 本業にゆるくつながる …… 87

4 まちづくり、地域づくりに飛び出す……129

1　「飛び出す」ススメ

参加しやすい「知域」にまずダイブする

山形県山形市　後藤好邦《ごとうよしくに》

1972年生まれ、日本大学卒業。山形市役所に入庁。現在、社会教育青少年課にて、生涯学習などを担当。東北OMの運営委員としても活動。

私に訪れた人生の転機

「後藤さんは若い頃から地域に飛び出していたのですか」。

このような質問をよく受ける。きっと若い頃から精力的に地域活動に取り組んでいることを期待しての質問だと思うが、残念ながら答えはＮＯ。20代のころ、私はスキー（モーグル）中心の生活を過ごしており、地域活動などにはまったく関心がなかった。しかし、そんな私に大きな転機が訪れる。それがフォーラムＫＧＰＭという自主的な学びの場への参加であった。

32歳のとき、私は企画調整課に在籍し、行政評価を担当していた。山形市では担当課が行う自己評価に加えて、学識経験者等による外部評価も行っていたが、この外部評価委員会で委員長を務めていた関西学院大学専門職大学院の石原俊彦教授との出会いが、私の生活を一変させたのである。当時、石原教授は自治体職員の生涯学習をサポートする場としてフォーラムＫＧＰＭという広域的なネットワークを開設しようとしていた。そして、全国各地の志高き前向き公務員に、この活動への参加を促していたのである。有難いことにその声がけが私のもとにも届いた。人見知りなうえに、自主的な勉強会などには興味を感じていなかった私には一大決心ともいえる出来事だったが、思い切って会員となり大阪で開催される第1回セミナーに参加することにしたのである。

セミナーに参加して驚いたこと、それは全国各地から集まる自治体職員のレベルの高さだった。それは行政評価のヒアリングで各課と渡り合っていた自信の崩壊でもあった。周りの話に頷くしかなかった私は一瞬参加したことを後悔した。しかし、そんな私に救世主が現れる。兵庫県伊丹市の職員・前田和宏さんがセミナー後の懇親会で2次会、3次会、4次会と夜遅くまで私に付き合い、懇切丁寧にさまざまなことを教えてくれたのである。この時、私は役所を飛び出しさまざまなことを学ばないといつの間にか井の中の蛙になってしまうと感じることができた。これがきっかけとなり、私は積極的に仕事以外の活動にも取り組むことになったのである。

知域に飛び出す公務員ライフのススメ

フォーラムKGPMに参加し、2年あまり経ったころ、仕事では得られない情報や知識、人脈を、仕事以外の活動から得て欲しいとの考えから、私は後輩数名に「一緒にKGPMに参加しよう」と声を掛けた。しかし、残念ながらその誘いに誰も応えることはなかった。私に人望がなかったのか、それとも彼らにお金がなかったのかは分からないが、その理由は勉強会のためだけに大阪に行くほどの経済的余裕はないというものだった。そこで私は彼らの一歩踏み出さない理由が経済的なものならば、近場にＫＧＰＭのような場を創ればいいと考えるようになった。そこで、同じような想いを持っていた北上市の仲間２人に、東北をフィールドに活動する自主的な勉強会の立ち上げを提案してみた。これが自治体職員を中心とした広域的ネットワーク・東北まちづくりオフサイトミーティング（以下、「東北ＯＭ」）の始まりである。

こうして３人で始まった東北ＯＭの活動も10年が経ち、東北各地で開催してきた勉強会はすでに30回を超えている。また、東日本大震災以降は、ボランティアバスの運行やスタディーツアーの企画、チャリティライブの開催などを通して、被災地と被災地以外の地域をつなぐ場づくりにも取り組んできた。これらの活動への参加者は延べ３千人を超えている。一方で、東北ＯＭの活動は他地域にも伝播し、九州や四国、上州などにＯＭと名の付く新たなネットワークも立ち上がっている。このような状況を踏まえると東北

チャット☆モンチー・チャリティライブの様子

OMはOMブームの火付け役と言っても過言ではない。

東北OMの活動を通して、私は仕事以外の活動が仕事に良い影響を与える有益性を感じることができた。そのため、山形市役所をはじめ、多くの自治体職員に仕事以外の活動にも積極的に取り組んで欲しいと考えている。また、社会的な風潮としても、自治体職員をはじめとした公務員が現場である地域に飛び出すべきとの考えが広まり、昨今では「地域に飛び出す公務員」という言葉も生み出されている。しかし、いきなり「地域に飛び出せ」と言われても、すぐに飛び出せる人はどれくらいいるだろうか。恐らく、ごく少数なのではないだろうか。こうした現状を踏まえて、私は「地域」ではなく、まずは身近な「知域」へ飛び出すことを勧めている。

それではいったい知域とはどのような場所なのだろうか。実は「知域」には確たる定義はない。文字どおり「知」に関わる場であればどんな場所でも良い。その判断は一人一人に委ねられている。たとえば自主勉強会のような「知」識を学ぶ場、交流会のような仲間と「知」り合える場、地域のイベントといった住民の想いを「知」る場など、いろいろな知域が想定される。大事なことは、そうした「知」に関わる場を自ら発見し、そのなかから自分の参加しやすい知域にまずはダイブすることである。その勇気ある一歩がきっかけとなり、知域活動の輪が徐々に広がり、最終的には地域に飛び出すことに繋がっていく。そうした意味では、ネットワーク活動のきっかけが「知域」にあると考えている。皆さんもまずは身近な知域探しから始めてみてはどうだろうか。そして、自分なりの身近な知域が見つかったら勇気を持って一歩踏み出してほしい。これが私の勧める知域に飛び出す公務員ライフの始まりである。

公務員人生を変えた自主研への参加

神奈川県大和市　坂本勝敏《さかもとかつとし》

1974年生まれ、明治学院大学卒業。民間企業を経て大和市役所に入庁。児童福祉に7年間従事したのち、2019年4月から病院事務局経営戦略室。

調子に乗った小僧は井の中の蛙

たった1年間であっても、大卒後民間企業に勤めて得た経験は大きかった。さらに、最初から配属先が財政課であったことから、業務で得られる経験値効率も高かった。おおむね期待されたような成果を出すことができていたこともあって、役所に入庁してから10年以上もの間、自己啓発については「休みの日にまで勉強？どんだけマジメなん？」くらいに考えていた。時折ビジネス書を読むことはあっても、自身の成長のために積極的に学ぶという習慣は皆無。それが、35歳のときに本当にふとしたきっかけで神奈川県下の若手自治体職員が集う自主研究グループK33ネットワーク（以下「K33」という）に見学参加したところ、K33メンバーの意識の高さ、持っている情報の量等に圧倒され、このままではマズイと危機感が生まれた。それにより、以降自らもメンバーとして加わり、定期的に行われる学習会に参加するようになった。その当時〝茹でガエル理論〟を知ることになるが、これだけ変化が大きな時代に自ら積極的に学ばず、大海を知らずに狭い世界の中だけで生き続けていれば間違いなく茹でガエルになってしまう。だからこそ、アンテナを高くし学び続けなければと考えるようになった。

庁内で自主研を立ち上げ

K33メンバーの一員となり、学習会に参加し、また自らも学習会を企画するようになったことで、多分野にわたる情報を蓄積できるようになり、あわせて人脈も広がった。それにより、自治体職員としての資質は着実にレベルアップできていると感じるようになっていた。また、自治、住民、地域といった基本的な視座について意識する機会が増えたことで、自治体職員として仕事のやりがいも高まった。

しかしながら一方で、いくら自分一人がレベルアップしても、組織も社会も変えられず、それでは単なる自己満足でしかないという思いが募り始めた。そこで、庁内でも同じように自主研があれば学び合える仲間ができると考え、自主研を立ち上げることとした。同期の仲間に相談し火種を起こし、やる気ある先輩・後輩の賛同を得て大和市自主学習グループＹ－Ｇが立ち上がった。

気づきとつながりを生み出す関東自主研サミット

Ｙ－Ｇ立ち上げの際、Ｋ33で培った運営方法が大変参考になったことから、〝やり方〟さえわかってさえいれば、誰でも自主研を立ち上げられるのではないかという気づきが生まれていた。やり方を共有することで、モチベーションもスキルも高まり、仲間も増えるという良いコト尽くしの自主研活動が広く行われるようになったら素晴らしいことだという想いにいたり、そこで活動ノウハウを共有するイベントができないかとの閃きが生まれ、「関東自主研サミット」企画が始動した。

関東自主研サミットとは、自主研の実践者や関心がある方を対象とした自主研の活性化を目指したイベントで、コンテンツは大まかに三つのパート構成となっており、「実践者による自主研の活動事例報告」と「テーマを掘り下げるワールドカフェ」そして「交流会」。ここで、自主研を活性化させる気づきと、同じような悩みを持ちながらも活動を続ける仲間とのつながりを生み出してきた。このイベントの成果の一つとして、関東で自主研を実践している職員間では広くネットワークが構築できた。それにより、広く自主研情報が集まるようになり、自主研の分析まで行うようになった。読者のなかに、自主研の立ち上げや運営で悩みがある方がいたら、相談にのりたいので、ぜひ個別に連絡をいただきたい。

運命的な異動と制約されたキャリアパス

ここで少し職務について記したい。2010年、大阪で発生したむごすぎる児童虐待事件の報道を見聞きするうちに、せっかく自治体職員でいるのだから子どものために自分の力を注ぎたいと考え、庁内FA制度を利用して市の児童虐待通告対応を行う児童相談部署へ異動した。

児童虐待事案への対応は、一時保護等による指導的機能と、保護者を支援することで問題解消をはかる相談支援と、相反するような役割が求められるが、(児童相談所と異なり)市町村は指導的側面に関する権限がほぼないことから、相談支援が中心となる。この「相談支援」だが、問題解消につなげる支援となると高い専門性が必要だ。「何のスキルもなく相談の場に出向くのは、武器も持たずに戦いに挑むようなもの」と研修で教わったが、相談支援スキル（相談技法やアセスメント力）によって支援の質が異なってしまう。そのため、職員のスキルを上げるために組織的に学び続けることが重要と考え、定期的な職場内研修に加えて、毎日のミーティングの中でも質問技法を学ぶ機会を取り入れるなど工夫した。

児童相談部署での勤務は7年間にわたった。長くいたため、専門性も高まり、実績も評価してもらってか、研修講師の依頼も受けるようになった。そこまで辿り着いたので、ここで培った経験を児童相談に限らずとも福祉の世界で活かしていきたかったが、人事異動により現在は病院事務局にて病院経営に関する業務を担当している。それまでに高めた専門性がまったくと言えるほどに活かされることはない別世界。自治体職員という職業は、住民のために働けるという面で最高だが、業務分野が多岐にわたり、かつ定期的な人事異動により、自らキャリアパスを描きづらいところが非常に残念なところだ。

今後、さまざまな業務分野で高い専門性が一層求められていくだろう。この変化に対応できる自治体人事とはどういうものか、自主研を通して考えてみたい。

第３回関東自主研サミット

03

「ワクワク」を糧に飛び出してみる

東京都　藤田正樹《ふじたまさき》

1981年生まれ。東京都職員。自治体職員自主活動グループ「ノンパ」管理人。

活動のきっかけ

私が、自治体職員による自主的な活動グループ（自主活動グループ）に参加したのは、特に大きな志があったわけでもなく、ただ単純に「楽しそうだったから」というのが理由である。

当時、私は、入庁してから数年が経ち、平日は目の前の仕事に追われるばかりで、週末はサッカーなどのスポーツをみたり、本や漫画を読んだりしてストレスを発散するものの、日々なんとなくモヤモヤとする気持ちを抱えていた頃であった。そんな時期に、友人から「気分転換にどうか」と誘われて参加してみたのが、首都圏自治体職員を中心として活動する自主活動グループの「ノンパ」だった。

「ノンパ」とは、東京都と埼玉県の若手職員がとある合コンで出会って、（男性同士が）意気投合して出来た自主活動グループである。ノンパという名称も、そもそも会の目的を設定せず、Non-Purpose（目的なし）の会と名乗っていたという、わりといい加減で異色な成り立ちの会であると個人的には思う。

活動内容としては、最初は、東京都と埼玉県の職員有志で、お互いの仕事の紹介をしたり、意見交換する小規模な勉強会のようなものだった。しかし、自治体の課題はさまざまであるため、知見を有したゲストを呼んだり、オープンな場で話し合ったほうが、学びも深まり、ネットワークも広がるのではないかとのメンバーからの発案があり、毎月1回程度、教育現場や子育て支援、若者支援、障害者雇用といった地域課題に詳しいゲスト講師を呼んで、参加者も公務員に限らず、興味があれば誰でもウェルカムな敷居が低くゆるい会として運営することとなった。

月1回程度のノンパの活動を通して、いろいろな人と交流を重ねるうちに、私が特に惹かれたのは、NPOや地域団体といった立場から、地域課題に対して真摯に向き合い、解決しようとしている人たちだった。そのなかには、本業は、会社員だが、それ以外にも地域のために活動している人たちもいた。

その人たちに共通していると感じたのは、「ワクワクして楽しそう」という感覚だった。

それらの方々から活動の秘訣を伺うと、「地域活動の最初の一歩は『自分の好きなこと』を軸として据えてみること。あとは仕事などで得た自分の知識、経験と組み合わせてみると自分なりの活動の企画ができてくる」というアドバイスをもらったので、私も、そのアドバイスをもとに何か活動してみたいと思うようになった。

好きなことを軸に地域に飛び出してみる

そして、「自分の好きなこと」は何かと考えてみたら、サッカーなどのスポーツ観戦や、漫画や本を読むことであり、そして、「自分の知識、経験」としては、公務員として仕事で携わった業務に関する知識や経験、ノンパで出会った人たちとのネットワークだった。そこで、これらを組み合わせて企画をすれば自分でも地域に飛び出して何かできるのではないかと思い、早速やってみることとした。

具体的には、地域の公民館を借りて、地元のJリーグチームのサッカー観戦×商店街めぐりをするツアーを考えたり、地域の若者支援施設にて漫画を通してダイバーシティを考える会を開催してみた。また、ノンパで出会った地元区の職員有志と一緒に青空の公園の下で好きな本を持ち寄って紹介し合う「青空読書会」をしたり、フードロス防止のために賞味期限が切れて間もない食材を地域のカフェに持ち寄って食べな

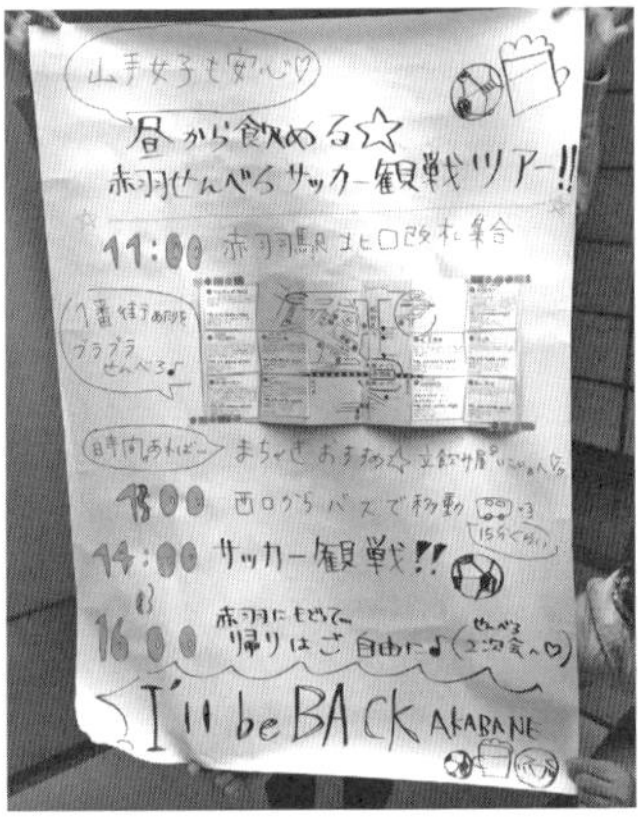

商店街めぐり×サッカー観戦の企画を考えるワークショップ

地域でフードロス防止とラグビーW杯観戦を組み合わせた企画を実施

がらラグビーW杯をテレビ観戦するなどさまざまな企画をやってみた。

開催にあたり、誰もこないのではないか、と不安になることもあったが、ノンパの活動で知り合った友人が来てくれたり、SNSでたまたま知ったという地域の人も参加してくれたりして大変嬉しかった。そして、何より、好きなことと自分の知識や経験などを組み合わせて仲間や地域の人たちと繋がっていく、ということ自体が「ワクワク」して楽しかった。

なお、最近は、新型コロナウイルス感染拡大の影響で、地域でリアルな企画を実施することは少なくなっている。その代わり、好きなことと自分の知識や経験を組み合わせるという軸は継続しつつ、オンラインのほうにシフトして活動している。

そんな「飛び出す活動」をしていると、たまに聞かれることがある。「なんのために、その活動をしているのですか？」と。

そもそも「飛び出す活動」のきっかけとなったノンパの名称自体「Non-Purpose（目的なし）」から来ていたので、そこから派生した私の活動にそれほど高尚な目的や意義があるわけではない。理由としては、ただ単純に「ワクワクして楽しそうだから」で十分ではないだろうか。

そして、平成から令和に変わった今、ワクワクする楽しさを糧に好きなことで活動をする「飛び出す公務員」がもっと増えてもいいのではないだろうか。

04

心を開いて「出会い」に向かう

愛知県長久手市（厚生労働省から）
國信綾希《くにのぶあき》

1987年生まれ、慶應義塾大学大学院卒業。厚生労働省入省。年金局、総務省出向、社会・援護局地域福祉課生活困窮者自立支援室等を経験。

それは宇宙人語ですか？

自然豊かな長野の山を降り、東京に出てきて、あっという間に10年を超えた。月日が流れても、東京に自分のホームを感じることもなければ、「居場所」も容易には見つからなかった。この感覚は厚生労働省という職場でも同様であったように思う。私が基礎知識を持たないままに就職活動をしたことにも原因があるが、厚生労働省への入省を決断したとき、「これから都会のど真ん中で、人生の負けを知らないエリート達が集まり、いわゆる「正しい生き方」を語る、そんな集団の中で生きていくのだ」という思いに襲われた。同時に、長野で障害福祉の実践を続ける両親とは異なる道を歩み出したこと、時には私が彼らを傷つけるような決断をしなくてはならない場面が来るかもしれないことも、私の心の重しとなった。

職場に染まりきることもできなければ、現場を持つこともできない。私はこの二つの感情をコンプレックスとして抱えながら霞ヶ関での日々を送っていたが、入省して数年が経ったころ、突然心に限界が来てしまった。霞が関で日々交わされている言葉を、私自身はまったく重要なことだと思えないのはなぜか。協働する立場であるはずの実践者と深く知り合うことを警戒する風潮があるのはなぜか。何より、職場で、真剣に話をすればするほど、「それは宇宙人語ですか？」とでも言いたげな顔をされるのはなぜか。このような違和感が積み重り、自己肯定感はみるみる低下した。いつしか私は、職場でありのままの思いを伝えることに恐怖を感じるようになってしまった。外とのつながりを求めてさまざまな勉強会や研究会に参加もしたが、私らしくいられないのなら、厚生労働省から去ったほうがいいのではないか。そう思い始めた2017年の夏。

学びや出会いのなかで言葉を取り戻す

近々、私は厚生労働省を辞めることになるだろう、そんな予感を抱き始めたころ、ある勉強会の誘いをいただいた。なんでも、自治体職員、NPO、社会福祉法人などから一線で活躍する方を厚生労働省に招いて、地域づくりのあり方を議論するという。せっかく声をかけていただいたのだから、部屋の隅でも話を聞こうと参加することにした。約3ヶ月で23回という怒濤の勢いとゴールや成果を設定しない自由な対話に触れることで、凝り固まっていた私の心が解れていく感覚があった。これは、講師の方々が運んできてくれた現場の熱量によるものでもあったし、勉強会に前向きにそして楽しげに参加する先輩職員の姿によるものでもあったと思う。そして何より、勉強会の講師陣が「君はどう考えているの？」と私個人に宛てた問いかけを繰り返してくれたこと、またそれに対する私の「宇宙人語」の応答を受け止め、一緒にかみ砕いていく対話をしてくれたこと。これが等身大の自分に戻っていくために不可欠なプロセスだったのだと思う。「言葉」を取り戻した、息が吸えるようになった、仲間を得た。そんな感覚があった。これが2018年初旬の出来事。

思いの共有、そしてそこから生じる信頼関係

勉強会での体感を経てもなお、厚生労働省の中で腹を割った議論をすることへの苦手意識が残っていた。なぜなら、自己開示を伴う議論をすると、自分の弱みを相手に共有することになるが、霞が関の職員の多くは自分の弱みへの自覚がないのではないかと考えていたからである。しかし、組織の論理からの解や現実的な解ありきではなく、あるべき論から開放的に語ることのできる職場でこそ創造的な施策が生まれるはずである、そしてこれこそ支援現場から期待を受け現場に責任を負う国家公務員の役割ではないかという思いを捨てきれずにいた。そんなときに、「地域共生社会」という制度改正を見据えた新たな理念と、ある先輩職員に出会った。地域共生社会のビジョンからは、これを基盤に日本の社会保障制度がもう一段高い次元を目指すことができるのではないかという期待と、理念から具体的な政策にたどり着くために、現場や国民生活のリアルに裏打ちされた価値を探求するという自身の役割を感じた。そしてその探求のためには、自己開示を伴う議論が不可欠であろうと思ったが、職場でそれが叶うイメージがやはり湧かなかった。自分の存在意義を感じられる機会をようやく得たのに、貝のように黙る日々が始まるのか、そう思っていたとき、直接の上司となった先輩職員が私のマインドを180度変え

た。彼はあまりにもオープンで、無防備で、そして自然体だった。自身の弱みを見せることも厭わなかった。その振る舞いが周囲からの信頼を集めているのをみて、私は初めて、ありのままの自分を出しても否定されないのではないかと思うことができた。２０１８年冬から制度改正に向けて検討が本格化したが、上司のスタンスは変わらず、簡単に割り切らず、ああでもないこうでもないという私の議論に付き合い、私の責任感に信頼を寄せてくれた。この関係性があったからこそ、以前は想像すらできなかった、税・保険料財源を混ぜた交付金の創設を実現できたのだと思う。そして財源の観点以上に、地域共生社会の真価は、私自身が制度改正の検討プロセスで体感した、安心できる場における対話とそれに基づく信頼関係の構築だと思っている。これが２０１８年から２０２０年初夏までの出来事。

今、思うこと

ここまで書いたように、「公務員らしくない」と評される私のありようは、１人の力でたどり着いたものではない。エリート官僚にもなれず、自らの現場を持つこともできないという葛藤から、さまざまな人との出会いに影響を受け変化をし、今ようやく自分自身の内面と外から見える部分とが一致してきたように思う。この感覚が、私に自由な発想をする余地を与えてくれている。振り返ってみて、私の経験のポイントを挙げれば、割り切らず、決めつけずに、出会いや変化をそのまま受け止めるということではないか。どこかに飛びだそうとするときに、まず超えるべきは変化を恐れる自分自身の殻、固定観念なのである。自由であるために、これからも心を開いてさまざまな「出会い」に向かっていきたい。

05

飛び出すとは「鎧を脱ぐ」こと
——「キラキラ」への幻想を乗り越えて

厚生労働省　野《の》﨑《ざき》伸《しん》一《いち》

1975年東京都出身。1999年京都大学卒業、厚生省入省。在米日本大使館、生活困窮者自立支援室長、広報室長、高齢者雇用対策課長等を経験。公衆衛生学博士。

始まりはコンプレックス

20年超の公務員キャリアを思い返すと、ここ数年を除けば、私はキラキラした「飛び出す」幻想を追い続けていたように思う。そしてその追求のエネルギーの源泉はコンプレックスだった。

大学時代、私は典型的な落ちこぼれだった。大学に何とか合格できたが、入学後、完全に目的意識を見失った。それまで家庭や学校で私の周りにあった比較的豊かな人間関係から離れて、見知らぬ土地で独りで暮らし始めたことも大きかったのかもしれない。同級生のエリートたちが、人生の次のステップに向けて順調に歩みを進めていくのを横目に、自分が取り残されていく感覚が強まっていった。すぐ近くの大学に足が向かなくなり、自室に半ば引きこもったこともある。そして、30単位以上残して留年した挙げ句、最後は、履修登録だけしていた授業の教員たちに頭を下げて回り、温情でかろうじて卒業できた。私が公務員を目指したのも、高い理想があったからではなく、将来が見えない不安に押しつぶされそうだったところに、身近な先輩が公務員試験に独学で合格した姿を目の当たりにして、「自分もこの閉塞感から抜けたい」と藁をもつかむ気持ちで飛びついたにすぎなかった。

こうして公務員として再スタートを切ったが、同期は輝いて見え、コンプレックスは消えなかった。遅れを挽回しようと、海外留学にチャレンジし、在米大使館赴任中には自費で夜間の博士課程に飛び込んだ。しかし、必死にもがくほどその意味が見えなくなる感覚があった。そしていつしか、飾りばかりが増えまとった鎧は重くなり、自分の立ち位置を守るために物事を上手に割り切るようになっていた。そう、気づけば私は、自分の所在を見失っていた。

「鎧を脱ぐ」という居場所

そんな私に、5年前、大きな転機が訪れた。それは、「地域共生社会」という福祉・社会保障政策の新しいコンセプトづくりから政策化にいたるプロセスに携わったことだった。その長いプロセスを経て、私は、多くの学びと今後の公務員としての基本姿勢を得ることができた。

「福祉政策のパラダイム・シフト」を謳ったこの政策転換は、これまでの霞ヶ関での思考の延長線にはなく、この社会のリアルをありのまま受け止め、あるべき社会や政策を構想することが必要だった。その一環として、2018年初頭に、今の社会の実情と多様な生きづらさへの支援、地域づくりなどをテーマに、若手有志30名程度の勉強会を立ち上げた。平日夜19時から2時間の勉強会に続き2時間程度の懇親会、これを約3ヶ月の間に合計23回、多いときは週3回開催し、主催者の私はすべての回に出席した。請われてもあのペースではもう二度とできないと思う。講師には、北海道から九州まで各地から、福祉・医療の専門職、ＮＰＯなどの支援者、行政経験者、学識経験者など多様なバックグラウンドの方々を招いた。交通費も謝金もお支払いできなかったが、どなたも快く協力してくださった。若い職員に期待してくださったのだと思うが、今でもどれだけ感謝してもし尽くせない。

勉強会では、議論の方向性をあらかじめ決めず、参加者がどんなことでも自由に発言できる雰囲気づくりに努めた。その理由の一つは、自由な議論をできる場がないことが、今の職員に広がる閉塞感につながっていると考えていたからだ。しかし、後で気づいたことだが、私自身にも、自由な議論、さらには安心して自己開示できる場が必要だったのだ。こうして、勉強会での議論や、全国各地にお邪魔して実践者や市民との対話を重ねるなかで、私は、自分のまとった国家公務員の「鎧」を脱いで一人のありのままの人間として出会い学ぼうとする姿勢が新しい気づきや発想を生み出す源であること、そして鎧を脱ぐことで初めて生まれる関係性が、自分が安心できる居場所になるのだと実感し、コンプレックスを克服しようと肩に込めていた力がスーッと抜けて楽になっていくのが分かった。

割り切らせてくれない……

具体的な政策の中核は、高齢・障害・子ども・生活困窮など対象者の属性ごとに専門分化してつくられてきた福祉の相談支援・地域づくりの事業を、「すべての住民」を対象とする新たな事業の下で市町村が一体的に運営できるようにし、財源構成の違う補助金等も一体的に交付することで執行における制度ごとの厳密な区分を不要とすること。この再編により、これまで培ってきた専門性の高い支援を継続しつつ、市町村が創意工夫ある独自の取り組みを展開しやすくなる。似たような発想はこれまでも提案されてきたが、制度の成り立ちや構造の違いから、実現に向けて本気で検討されたことはなかった。

私も例に漏れず、制度設計の難しさや省内外との膨大な調整を前に、今の制度の下では仕方ないと割り切ろうとしたことが幾度となくあった。しかし、幸いにも私には志を共有する仲間がいた。ときには現場の方からの長時間に及ぶ電話で背中を押され、また、頻繁に、直属の部下の後輩職員が現場にとっての最善を突き詰めようとする姿勢に突き上げられた。割り切ろうとしては、そういう自分に気づき、再度初心に戻るということを繰り返して、妥協せず目指した政策を実現することができた。困難な現実を前に割り切ることは簡単だ。しかし、それを拒み歩み続けて初めて見ることのできる風景がある、その貴重な原体験を私にさせてくれた仲間たちに心から感謝している。

「鎧を脱ぐ」ことと「割り切らない」こと――私にとっては、これこそが「飛び出す」ことと同義である。なぜなら、それによって、私は自然体で学び、恐れず挑戦し続けることができるし、過去に必死でもがいて得たものもすべて意味をもって輝き始めているからだ。そして、この体感を基に、職務の一環として省内全職員に声をかけて「社会のリアル」に学ぶ勉強会を行い、さらに、職員が現在の担当を超えて行う自発的な活動を組織として応援する制度を実現した。多くの仲間が、学び挑戦することで、まとった重い鎧を脱ぎ、等身大の自分や自分の使命を思い出してほしい、そう心から願っている。

いつでも、なんでも提案しよう

山形県山形市副市長（総務省から）　井上貴至《いのうえたかし》

1985年大阪生まれ、2008年総務省入省。ミツバチが花粉を運ぶように全国の人をつなげたい。柔道3段。

「地域や社会のため、どんな環境でも、どんなことでも、失敗を恐れず、提案しよう」。今日、僕が一番言いたいことだ。最近は、公務員は安定している（と親に言われた）から公務員になった人もいるという。しかし、安定しているということは、思い切ってチャレンジできるということだ。一度限りの人生、やりたいことをやらなければもったいない。

僕は、人とお会いする、町に出るのが好きだ。人も地域もダイヤモンド、光の当て方でどのような人や地域も輝き、常に新しい気づきが得られる。これほどワクワクすることはない。「地域で活動する人はそのホームグラウンドこそ輝く」と信じ、総務省入省後は、毎週のように、私費で全国の隠れたヒーローを訪ね歩いた。井上貴至《たかし》と、江戸時代に全国を訪ね歩いて日本地図を作った伊能忠敬《いのうただたか》は、音がよく似ていることに気づき、令和の伊能忠敬になりたいと思っている。

一方で、地域で活動する人は地元のことや業界のことしか知らないことが少なくない。僕が出会った人や事例を繋ぎ、新しい花を咲かせる「地域のミツバチ」の面白さに気づいた。

気持ちを行動に移すようになったのは、社会人3年目の東日本大震災。明日急に死ぬかもしれない、今を全力で生きようと強く思った。

「地域のミツバチ」の一環として、当時、若手官僚では極めて珍しかったが、地域のさまざまな人や取り組みを紹介するブログ「地域づくりは楽しい」を実名で始めた。また、地域で活動する人が東京に来られたときに、その思い・経験・知恵を語ってもらい、みんなで交流する「地域力おっはークラブ」の事務局長も引き継いだ。

そうした活動が、少しずつ口コミで広がり、国が地方創生を提唱すると、まったく関係がない部署の係長級だったが、さまざまな政策を提案する機会をいただいた。小さな市町村に官僚などを派遣する地方創生人材支援制度もその一つだ。「田舎に足りないのはお金ではありません。人材です。中と外を繋ぐ人材です。地元の人もドリブルを頑張っていますが、パスを繋ぐことで、大きな成果が出ます」と訴え、僕自身も第1号として鹿児島県長島町に派遣された。

山形・山寺の芭蕉記念館にて

そして、これまでの経験や人脈を生かし、鹿児島相互信用金庫と連携したぶり奨学金、阪急交通社と連携した地域超密着ツアーなど官と民を繋ぐさまざまな政策で、地域の課題にアプローチすることができた。また、その後の愛媛県では、長島町で始めた日本みかんサミットの方々が、西日本豪雨のときに多額の寄付を集めてくださるなど予想外のことも起きた。

公務員の仕事は幅広い。ともすれば、自分の希望とは異なる部署に配属されることもある。環境が合わないことも、提案が受け止められないこともあるだろう。

しかし、今の職場内外の経験や提案が、いつか必ず繋がると信じることが何より大切だ。まさに、地域や社会のため、どんな環境でも、どんなことでも、失敗を恐れず、提案しようだ。

提案するためには、観察し、調べなければならない。前提に疑問を持たなければならない。実現するためには、相手と信頼関係を築かなければならない。やるべきことは多いが、とてもやりがいがあることだと思う。少しずつやり方も分かってくるし、やりたいこと、できることも広がっていく。

一方、日本の若者は、自分が社会と繋がっている、自分の考えや行動により社会が変わると実感している人の割合が、先進国のなかで最も少ないという。

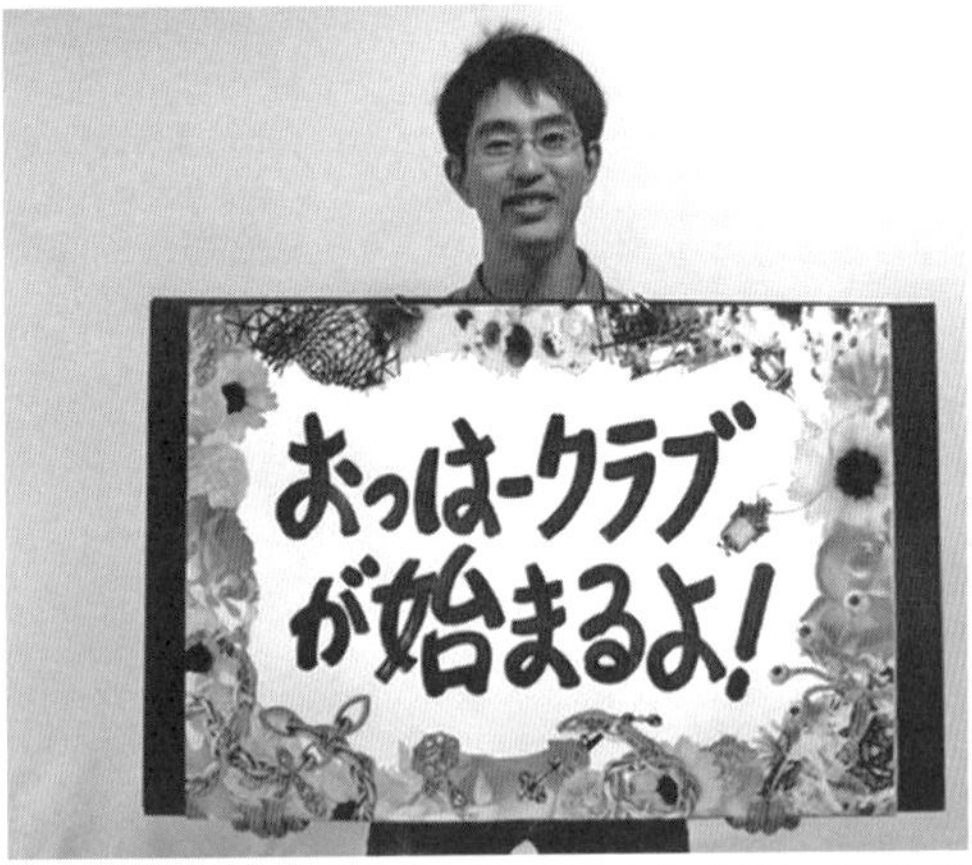

気軽に、楽しく、中身濃く。おっはークラブでは、提案しやすいさまざまな工夫をしている

そうしたことから、提案しやすい環境をつくることが、僕の今の一番やりたいことの一つだ。社会人1年目にお世話になった愛知県新城《しんしろ》市の方と一緒に、若者議会を立ち上げた。おおむね16歳〜29歳の市内在住・在学・在勤者が政策を提案する。市では、毎年1千万円の予算を計上し、政策を実現する。参加者が実際の議員になるなど地域への波及も大きい。

スウェーデンの中学校では、来年度の中学校の予算をどのように使うか、先生がサポートしながら、中学生同士が話し合うという。民主主義の原点であり、日本でも広めていきたい。そのためには、学校が自由に使える予算が極めて少ないのも問題だ。教育予算内外の配分の見直しや、卒業生等によるふるさと納税の寄付、設備の民間開放なども含め、学校が自由に使える予算を増やすことも大切だろう。

また、通常のピラミッド型行政では、係長、課長補佐、課長、財政課など多くの人が拒否権を持ってしまう。何度か提案が拒否されると、多くの人は提案するのが面倒になる。提案しやすい組織や風土もつくっていきたい。その際、一つの類型として参考になるのが、長島町で導入した2人目の副町長だ。地元の副町長が通常の決裁や入札を行い、僕が新しいことを提案するという役割分担のもと、役場職員や住民、事業者などからさまざまな提案を受け止め、安全面や費用面を考慮し、整えたものを地元の副町長や町長などと相談する、現場の提案が反映されやすい仕組みだ。

提案しやすい環境づくりはこれだけが答えではないだろう。読者の皆さんからもアイデアをいただき、また、皆さんと一緒に提案し、より良い地域を、社会をつくっていきたい。

07

タタカワナイ、応援し合える関係性を築く

地域活性化センター人材育成プロデューサー（元愛媛県）
前神有里《まえがみゆり》

2018年3月、29年間勤めた愛媛県を退職。特技の翻訳こんにゃくと胃袋ネットワークで人と地域をつないでいきます。

「仕事は何をされていますか」、この質問に答えることは簡単だった。「県職員です」と答えれば、ほぼ納得された。しかし、退職してからは、この質問の答えに苦戦している。雇用されず仕事をしている個人事業主なのだが、仕事先に応じて肩書もいくつかあり、いまだに何と言えばいいのか躊躇する。人は、所属や肩書などで何かしらカテゴライズしないと落ち着かないのかもしれない。

のりしろは大きくアンテナは高く

県職員時代は、県にしかできないことは何かを意識してきた。同じ役所でも、国、都道府県、市町村の役割や得意なことは違う。それぞれの得意を活かし合う連携と、補い合う補完の関係を築くことが役割分担であり、課題解決とくらしや地域を豊かにすることにつながるのだと思ってきた。そのためには、「のりしろ」のある職員になることが必要だ。そう考えるようになったのは、高齢者虐待との出会いだ。対応に悩んでいたときに助けてくれたのが、市町職員や専門職、大学の先生など県庁の外の人たちだっ

た。ある大学の先生から「自分ののりしろの幅を広げアンテナは高く張りなさい。あなたののりしろが大きければ、のりしろのない人もくっつくことができる。アンテナの感度が悪いと、問題に気づくことができず放置することになる」と言われたことが、私の背中を押した。また、当時の厚生労働省の担当の方が、多忙にもかかわらず、県の一担当職員のために時間を割き、一緒に悩み考えてくれたことは本当に感謝している。自分も市町職員とともに頑張ろうと決意するきっかけになった。

虐待対応は、常に考え悩み、責任の重さから押しつぶされそうになる。そんなとき、助け合い支え合える仲間がいることは大きい。連携やネットワークの重要性が言われるが、創ろうとしてできるものではなく、できることを持ち寄り支え合ううちに自生するものだ。自生したネットワークは、必要に応じアメーバーのように形を変える。しなやかで強いのだ。

地域の希望活動人口を増やしていこう

地域には、さまざまな人が暮らしている。生活のなかの小さなささくれは、放置しているうちに傷が大きくなってしまう。人は、不安や生き辛さを抱えたままでは、希望をもち活動する気持ちになりにくく、地域づくりや地域の未来を考えようと言われても、なかなか参画しようという気にならないだろう。その人にとっての生き辛さが少しでもやわらいだら、そこには希望が生まれ始める。希望が持てると、活動しようという気持ちが生まれる。当事者意識を持つということは、その人に寄り添い、必要に応じて行政の権限を行使するところまで考え動くことではないだろうか。担当業務の領域を超え、それぞれの職権を適切につないでいく能力も必要である。その能力を全部自分で身につけるのは大変なので、そこでネットワークの力が生きてくる。ネットワークは、力量の違いを補うだけでなく、特定の得意な領域を持たない人の新鮮な視点が役に立つこともあり、補完しあう人材育成の場でもあるのだ。

課題解決型思考から価値創造型思考へ

地域担当職員をしていたときに、地域の人たちがよくダジャレを言うことに気がついた。困っている課題にばかり目を向けていると、疲れて諦めてしまいそうになるが、ダジャレを言って笑い合うことで、またぼちぼちやってみようかなと元気と勇気が湧いてくるのだと教えてくれた。また、いろんな人が関わることで、発想が豊かになり楽しくなるのだそうだ。確かに、課題を解決することばかりに注力すると、全体に目が行かなくなり、そこに潜む価値やチャンスを見逃してしまう事がある。さまざまな視点や発想が新しい価値を生み、希望や楽しみが生まれることで課題は解決されていく。先が見えにくい時代の地域づくりは、これまでのように強いリーダーが地域づくりの型にあわせて目指す方向へ引っ張っていくのではなく、それぞれのこうなったらいいなという気持ちに共感しあいながら、ともに小さな一歩を踏み出すこと、それを紡いでいくことなのではないだろうか。

これからの地域づくりには、縦割りではなく横串人材の必要性が言われているが、横に串は刺さらない。横は、大きさも形も固さも温度も違うので、糸のように結うのだ。串は、写真のめざしのように、同質のものの集まりしか刺さらない。これからは、タテもヨコもナナメも自在に結っていける人材が必要だ。話が通じにくい、理解し合えないと思っている人とも、間に別の人が入るだけでうまくいくこともある。無理に一人で壁を越えようとせず、第三者に任せることも方法だ。多様な価値観を認め合い、タタカワナイ、キソワナイ、キョウセイシナイ、応援しあえる関係性を築いていきたい。

「ゆるふわ」でいこう

「ゆるふわ」とは、山形県の置賜地方で取り組んでいる。小さな社会実験である。ゆるいということは、いろいろなものが許され、包摂できる寛容さがあるということであり、ふわというのは、物事を表面的に進めていくのではなく、まだないもの、言葉になってないものを探索的にみんなで考えていくことで、形にしていける可能性があるということである。ゆるくてふわっとした時間があるから、本質的なことを確かめ、それに向き合う勇気も湧いてくる。これが、これからの社会に求められているのではないかと仮定し、これまでの「地域おこし」の「型」に合わせるのではなく、一人一人が持ち味を発揮して生きること。自分たちの望む未来の暮らし方を実践し、そのために必要なまちをつくること。この社会実験は、関わる人と地域に新しい価値を生みながら現在進行中である。

筆者の横串人材のイメージ

つながりをつくる──長岡オフサイトミーティング

新潟県長岡市 永井《ながい》英雄《ひでお》

ネットワークづくり

これまで全国各地の自治体の業務改善発表会や自主勉強会に参加し、多くの自治体職員と交流を重ねてきた。そこで肩書を外して膝を突き合わせ、本音で真剣にまちづくりについて語り合う人々の姿に大きな衝撃を受けたことが、私の原動力となっている。

私自身、組織内において業務でつながりのある職員でも、まちづくりに対してどのような思いを持っているのか分からなかった。そこで、組織横断的に意見交換や、お互いの思いを共有できる職員のネットワークを作ることで職員が成長し、組織の活性化につなげられるのではないかと考え、自主勉強会「長岡オフサイトミーティング」を職員有志で立ち上げた。

勉強会では、業務時間外に市民と意見交換を行うほか、各部署の施策の理解を深めることを目的として、各職員が講師となり自分の業務について講義を行っている。この勉強会により、参加職員間の情報共有が活発になり、さらに業務を円滑に行えるようになった。

そして、新潟県内の自治体職員間においてもつながりを作ることが新潟県の活性化のきっかけになると考え、「越後まちづくりオフサイトミーティング」を県内の自治体職員有志と設立した。県内自治体の首長や各地で活躍している住民の方々と意見交換を行いながら、県内自治体職員との交流を深めていった。

ネットワークの大きな可能性

現在、全国の人々とSNSでいつでもどこでも気軽に意見交換ができる環境が整っている。私自身、全国の仲間が活躍する姿を目の当たりにし、そしてアドバイスをいただくことで、一歩踏み出す勇気と元気を日々もらっている。ネットワークで得た人脈、知識、経験は個人のものではなくまちの財産であると意識しながら、これからもつながりを業務に活かしきたい。

ネットワークづくりは種火づくり。種火が集まり大きな炎になるためのきっかけとして重要なものである。

つながりを楽しみ自分を磨く

北海道岩見沢市　相澤智生《あいざわともき》

市の行うトークイベント「ザワトーク」に2016年から携わっている。中高生や大学生、主婦、フリーターなど多様な市民が参加するこのイベントを通して、参加者同士がコラボした新たな活動が生まれている。

バンドマンが楽器の弾き方を教えたら新たな音楽活動が始まったり、移住者と大学生が商店街のシャッターアートを始めたり、廃駅舎の修復活動が始まったり、新しく生まれた活動を通して、参加者は地域に関わる一歩を踏み出している。

私たち運営チームは、主導的に動いたり意図的に参加者をつなげることはせず、それぞれの活動の場に足を運び、同じ目線で話をし、活動の裏にある想いを他の参加者に紹介したりしているが、参加者が新しい活動を生み出す姿を目にすることはとても楽しい。

地域に足を運ぶことで、自分の考え方や行動も変わった。担当外の相談を受けることが多くなり、さまざまな角度にアンテナを張るようになった。商店街の店主とまちづくりについて語り合うようにもなった。そして何より、具体的な市民の顔を思い浮かべて仕事をするようになり、机上では養うことができない感覚を手に入れ、自らを磨くことにつながった。

自分の仕事の何かを変えたいと考えている公務員には、まずは地域に飛び出し、楽しみながら自分磨きをすることをお勧めしたい。そこで得た感覚を業務に活かすことで、きっと地域へ恩返しができるはずだ。

ザワトークメンバーによる廃駅舎の修復

10

職員自主研究グループのすすめ

大阪府吹田市　黒《くろ》木《き》隆介《りゅうすけ》

２０１６年から、職員自主研修グループ「すいたいむ」を運営している。当時、２年間の省庁派遣の研修中にできたご縁から他県のオフサイトミーティングに参加していた私は、職員同士の対話の楽しさを実感。庁内にもこうした場が作れないかと考え、職場の後輩である平井雅俊さんらとともに立ち上げた。

すいたいむは、誰もが気軽に参加できる「ゆる〜い対話の場」をコンセプトに、職場や職階の垣根を越えて交流できる場づくりを目指し、普段は月１〜２回のランチミーティングを中心に活動している。敷居は低く、という考えから飛び入り参加やドタキャン、途中退室なんでもあり。集まったメンバーが仕事のこと、プライベートのことなど自由に対話を楽しめることを大事にしている。

時には庁外からきっかけが舞い込んでくることもある。吹田市は２０２０年４月に中核市に移行し、これにより、西宮市、尼崎市、豊中市、吹田市の４市が全国で初めて中核市として隣接することとなった。４市はこれを契機に、各市の頭文字をとり「ＮＡＴＳ」と名づけ、府県を越えた都市間連携の形を模索することとしている。

そんな折、豊中市の方から「せっかくＮＡＴＳが出来たから、自主研修グループ同士でも一緒になって何かやりましょう」とのお話をいただき、現在、各市の自主研修グループが持ち回りで合同勉強会を開き、職員同士の交流を図っているところである。

私達すいたいむの活動は、全国に数多あるグループと比べて、決して活発とはいえないかもしれないが、それでも、オフサイト（業務を離れた場）だからこそ生まれた縁をこれからも大事にしながら、これからも「ゆる〜い対話の場」を通じた職員同士の顔の見える関係づくりに取り組んでいきたい。

面白そうなら迷わず飛び込む！

福岡県　今村陽子《いまむらようこ》

今から10年以上前、長崎県への派遣研修が、飛び出すきっかけでした。NPO法人認証や協働推進の担当となった私を、職場の方がNPOの活動現場に誘ってくれたのです。地域にある課題に気づき、動いているNPOの想いに自ら触れたことで、活動しやすい定款づくりの相談に乗ったり、協働のきっかけを作るためNPOとの情報交換会を開催すべく、担当部署に掛け合ったりと、代弁者として何かできることはないか、という動きにつながっていきました。

この「飛び出し癖」はその後も続きます。田川地域を観光で盛り上げようという田川まるごと博物館プロジェクトの担当のときには、休みでも、お祭りやイベントに顔を出し、地域のものを食べ、自分自身が田川のファンとなりました。そして地域を盛り上げたいという方々と、その想いを形にするために日々事業を作り上げてきました。トレッキングやバスツアーなどで魅力を体験していただく「あったがわの旅」、都市圏でプロモーションした「放課後たがわ講座」、新たな魅力づくりのためのグルメイベントなど、地域外の人に地域の魅力を知ってもらうために、さまざまな事業に取り組みました。

振り返ると、目の前の仕事にはまり、「面白そう」と感じたことに迷わずに関わった結果、想いある方々とご縁ができ、楽しく仕事をさせていただきました。

２０２０年に「職員の働き方改革」の部署に異動しました。福岡県庁OM等の活動を通して、また地域に飛び出す公務員を応援する首長連合事務局の一員として、先進的な活動、飛び出した先輩を見てきた私、この世界にもまずははまってみよう！

「あったがわの旅」日田彦山線貸切列車の旅

夢の実現へシナジーキャリアのすすめ

農林水産省　晴《はれ》佐《さ》久《く》浩《こう》司《じ》

あなたは何を目指して公務員になりましたか。

私は面接で語った「日本の農村をアジアのように子どもたちの遊ぶ声で響き渡らせたい」という信念を持ち、仕事のみならず地域活動している。組織を飛び出すと固定概念にとらわれず、思考の幅が広がり本音で話せる仲間と出会える。変化の激しい現代社会で自分らしくあるために、相互にプラス効果が発揮されるシナジーキャリアをお薦めしたい。

私が農村に憧れたきっかけは、子どもの頃に幾度と帰省した中山間地に住む祖父母の存在が大きい。都会は刻々と環境が変わるが田舎は変わらない。想い出の場所が今でも存在し、目を閉じればいつでも情景を思い浮かべられる。私にとっての心の中の故郷＝変わらない大事なものは、農ある暮らしを感じること。

京都暮らし10年間で、家庭料理おばんざいの価値を普及させる「Oh！ばんざい」、桃を植樹し歴史景観を復活させる「桃山プロジェクト」、寒天発祥という埋もれた地域資源を伝える「伏見寒天プロジェクト」など、子どもの故郷となる地域を魅力的にする活動をしてきた。また、農村集落を訪れ、再生産可能な農業や関係人口の築き方を模索してきた。これからもローカルに徹し、人の気持ちに寄り添える行政マンでありたい。

公務員には三つの強みがある。初対面でも信頼感を得られる「信用力」、他部署の情報や知識を利用する「集合知」、利潤ではない価値を創造できる「政策立案機会」。自分の夢を語って、夢を持ち続け、暮らす地域をＨＡＰＰＹにするため、さあ最初の一歩を踏み出そう！

子どもが走り回る農村風景

13

面白いは創れる!

富山県氷見市　伏喜《ふしき》マリエ

新米2児の母、フルタイム勤務。仕事、育児、家事にてんやわんやの日々を通して、母になって5年の2020年、ようやく自分なりのワークライフバランスが見つかってきたように思います。振り返って思うのは、いつも身近な人に支えられ、新たな出会いによって自分の世界を広げてもらっていたということ。

今回寄稿するきっかけをくださったのは、地域活性化センターでの人材育成など、多方面で活躍中の前神有里さん。前神さんには以前、ＪＩＡＭで開催された「全国地域づくり人財塾」で卒塾生として登壇する機会もいただきました。公私で関わる人の繋がりを生かした地域づくりをテーマに話をし、全国のユニークな方々と出会えたことに感謝しています。

これまで私には、前向きなパワーを与えてくれる出会いが幾度もありました。全国の自治体広報担当者とは、有志で合宿や情報交換を頻繁に行い、切磋琢磨しました。プライベートでは、花業界、食業界に携わる友人たちと一緒に空き家をアート空間に蘇らせる活動をしたり、ママ友たちとは、各自の得意なことや身近な自然を生かした体験学習の機会を作ったりしました。

今はオンラインでもどんどん繋がりを作っていける時代。面白そうな情報を発信している人にコンタクトをとり、自分も日々の「面白い」をＳＮＳで発信していくことで新たな出会いを広げています。

出会えた人たちのおかげで、この街での暮らしがどんどん面白くなってきています。「面白いは創れる!」。コロナ禍で身近な資源に目を向ける人が増え、面白い地域が一層増えていく予感に胸が躍ります。

我が家の前の富山湾で遊び場づくり

とりあえずチャレンジしてみる

熊本県上天草市　小﨑《こざき》あすみ

上天草《かみあまくさ》市役所へ入庁して7年目になるが、その前に2年間非常勤職員としても勤務していた。私より若い職員がキラキラと地元のために働いている姿に影響され、私も公務員として働きたいと決意。いろんな方に助けられて採用となり、今でも感謝している。

以前は広報を担当しており、取材等をとおして多くの発見や気づきがあった。一つは上天草市の資源の豊富さ。小さい自治体だが、知らないことも多く市の魅力を再発見できた。もう一つは、私自身の好奇心の大きさだ。取材で出かけることが多くなると、プライベートでも出かけて「とりあえずやってみる」ことが増えた。広報を担当し、フットワークが軽くなったうえ、世界が広がった気がする。

そんななか、熊本県市長会東京事務所へ2年間の出向の話があったため、さらに自分の世界を広げたいと思い立候補した。実際に出向するまでは私で務まるか不安だったが、自身のスキルアップのためにチャレンジできたことは、大きな一歩だったと思う。

当事務所では主に、熊本県内14市の一体的な発展を図るため、国等からの情報収集や政府への要望支援、首都圏を対象にしたPR活動など幅広く活動していた。各自治体の政府への要望においては、首長をはじめ国会議員や中央省庁職員が、地方が抱えるさまざまな問題を解決するために尽力される姿を間近で見ることができ、いい経験になった。また私なりに幅広く各自治体の問題について認識し考えることで、仕事に対する意識や行動の変容にも繋がったと実感している。

私にとってこの2年間は、多くの人と出会い、地元ではできない体験をし、変化の年となったことは言うまでもないが、「とりあえずやる」ということは誰かの支えなしではできないことだと気づかされた。コロナ禍の影響で社会全体も大きく変化したなかで、どれだけ成長できたかはわからないが、この経験を糧に感謝を忘れず、今後も積極的にチャレンジしていきたい。

2　飛び出し方にスタイルはない

迷走を楽しむ中山間地の公務員ライフ

岡山県高梁市　徳田匡彦《とくだまさひこ》

1974年生まれ。吉備国際大学社会学部卒。1997年高梁市に採用され、主に税務課と農林課を行き来しながら、観光や下水道の仕事も経験。現在は野猿に発信器をつけたりしている。

不惑を過ぎていまだに迷走中

「とりあえず食えれば何でもよい」と思って出身地でもない高梁《たかはし》市役所を受験したら採用された。今でも「とりあえず食えれば何でもよい」と思っているので、市職員という肩書には執着がない。高い理想がないのだ。生きる目的も不明だが、興味のあることに踏み込んでそいつが面白いことになると、それは愉快だ。一番の問題は何が面白いか自分でもわからないので、いろいろと手を出してしまうこと。

紅茶を作ったら産業になった

高梁市内には茶畑があったので好物の紅茶が作れるかと思って作り始めたのは20年以上前の話となった。当時はネットで簡単に情報を集めるわけにはいかず、「紅茶の本」にはざっと作り方が書いてあるだけ。そこから意図を汲んで（高温多湿な環境を風呂場で作ったり）、まずは「完全醗酵茶」が紅茶ならそれは「紅茶」だろうというものができた。その後、加工グループの担当になり、なんと手作り紅茶が日の目を見た。グループで紅茶づくりに取り組むことになったのだ。紅茶はかさばらず、保存も容易だったので土産物として売れ始めた。その後グループとしては高齢化で紅茶製造が難しくなったが、グループ内の若手が自ら投資して機材をそろえ、品質が二回り上の紅茶を作り始めた。現在「高梁紅茶」は高梁土産の定番を超えて、県外でもいろいろなところで買えるまでになった。こいつはなかなか愉快だ。

牛に草を食わせたらなかなかの経営になった

もう10年以上前になるが、ある市職員が休日の草刈りで疲れ果て、仲間内で「牛でも放せばいいのに」という話が出た、ということを言った。その職員は自分が会長に祭り上げられて放牧による荒廃農地管理の実証団体を作り、荒廃農地で牛を飼うことになろうとは夢にも思わなかったことだろう。数か月の間に公務員だけでなく農家や会社員など数十人から百数十万円の資金が集まり、農協は県を挙げて売り出している黒毛和種でなく、異端ともいえる「日本短角種」の導入に協力してくれた。みんな荒廃農地の増加が気になっていたのだな。ちなみに日本短角種という牛は、頑丈で子育て上手な上、最初から「放牧生活術」をもっている。牛だって、野に生えている草を食うには技術がいったのだ。黒毛和種も慣らせば放牧で飼えるが、高価だし、素人が飼うには日本短角種がよかろうと考えて導入してもらった。

荒廃農地が牛を主力に人が補助してきれいになり、上手くいっている様子だったので、2年後には牛を放した地域で簡易な組合が作られ、牛や資材一式を引き渡して、自分たちで始めた団体は解散した。

引き継いでから約10年。牛たちは4頭から十数頭になり「頑丈で子育て上手」という特性を生かして、黒毛和種の受精卵移植を行って仔牛を高く売るなど工夫が進み、労働生産性が随分高くなった。

この地域は当初、地縁のない実証団体のわしらが「土地を利用させてくれ」と突っ込んでいって跳ね返されたが、地元の農業委員の方が「あきらめるな。一緒にもう一度いこう」と協力してくれて土地の集積に成功したという経緯があった。よそ者発案で、地元の理解者と連携し、10年経っても絵にかいたような放牧風景が続いている。勢いで牛を放したころを思えば出来過ぎだ。痛快なのである。

馬鈴薯から猟師へ

高梁市は江戸の昔からタバコの産地だったので、タバコの生産調整由来の未利用農地もある。ブドウ農家へ華麗に転身した農家も多いが、タバコはやめたけど次はどうするか長期に決まらない畑がある。

そんななか、「北海道で食べた馬鈴薯が美味いというが、近所の店の馬鈴薯も北海道産で、それを美味いと言わない」という話が出た。「男爵とメークインしか見ないが、高梁の気候にあう美味い品種があるのでは」とも言う。最後に「植えてみるか」となる。わしと話していたのは元タバコ農家の高齢女子だ。衰えぬ好奇心に感服したが、近所のお年寄りからも「やってみないとわからんが」という発言を聞いた。そんな挑戦を欠かさぬお年寄りやその家族と「ポテト研究会」として馬鈴薯を作ってみることになった。

馬鈴薯は一度に植えて、短期間に収穫した後は、急いで売らなくても傷まない。週末一斉農業向きなのだ。そんなわけで元タバコ畑は10種類以上の馬鈴薯が育つ畑になり、わしはもう15年以上も馬鈴薯を作るのを手伝っている。お年寄りは亡くなり、豪雨で作付けを減らし、それほど儲かる物でもないが、参加者がなかなか「解散する」と言わない。ご近所団らんの場であり、各種相談の場となっているのが大きいようだ。なるほど。今度は牛の時と違って儲かれば続くというものではなかった。興味深いな。

耕作が続けにくい原因として高齢化のほか、有害鳥獣の増加もあるだろう。ポテト研究会にしても800mの電気柵と、野猪捕獲檻を周辺に配して対策してきた。そして、猪を簡単に捕獲していた！

丁度わしの懐具合が厳しい時期で、知人が世話する猫の餌が、自分の食費より高いのを知って苦々しく思っていた頃だ。わし個人も猪を獲って喰ってやろうと罠の免許をとって狩ってみた結果、初年から数十頭獲れ、美味い肉が食えるようになったうえに、駆除奨励金で財政状態は一気に好転したのである。

なんでみんな猪とらんのかな、と思うが、まわりに聞くと「猪肉が苦手」な中高年が多いことに驚いた。捕獲前後に過大なストレスを受けた肉をもらって不味かった、ということらしい。そんな肉を食べた人は二度と猪を食べないし、食卓に出ないから若い人は食べたことがない。試しに若者にわしがきちんと処置した猪を食わせてみると旨いという。その後、その若者は猟師となったが、今度はこれだな。山に人を入れ、旨いものを喰い、あわせて若者の所得のかさ上げを企てるのはどうだ。

なあに、公務員も遠慮はいらんよ。公務員の副業が話題に上るが、地域の課題解決と猟師はずいぶん相性がいいじゃないか、などと書いてみるけど、別に高い理想からの提案じゃないのだ。これも好きなようにしているだけ。そして、公務員の肩書に執着はないけれど、公務員は周囲の人々が思っているよりずっと自由だったのだな、とは思っているところなのだ。いまだにクビにもなっていないし。

大好きな市に残り、地域の何者かを目指す

大分県竹田市　後藤雅人《ごとうまさと》

1983年生まれ。大学卒業後、地元である竹田市役所に就職。これまで500名以上の移住を実現。地域おこし協力隊の定住サポートも担当。

僕が生まれ育った大分県竹田市は、人口約2万1千人で総人口に占める65歳以上の割合（高齢化率）は45％。すでに4割を超え、全国平均（27％）より18ポイントも高くなっている。今後、高齢化率は2045年までに8ポイント上昇し、53％に達し、半数以上が高齢者になると見込まれている。

福岡市内から電車で約4時間、有名な由布院や別府からも車で1時間以上と決して立地には恵まれていない竹田市に全国から人が訪れるようになったのは、ここ数年のこと。その間、移住担当者として走り続けた理由、そして思いをお伝えしたい。

みんなが選ばない道をいったほうが、面白いに違いない

地元の高校を卒業後、大学に進学。そして大学卒業後に竹田市役所に就職した。入庁後は、税務課で固定資産税の担当をしていた。竹田市では、高校卒業後に地域に残る人は、わずか数％。多くの若者世代が進学や就職で市外に出て、その後戻ってこないというのが実情だ。

就職先として地元を選んだことについて、僕としてはやはり夢や希望を持っていて、地域で何者かになりたかったという思いがあったからだ。普通、何者かになりたいなら竹田市を出て東京や福岡など都市部へ行く選択をすると考えられる。だが都市には全国からたくさん人が集まってくるから、僕が大勢と競争して、何者かになれるとは思えなかった。

地元に戻る人生と都市に出る人生、どちらが平凡ではないかと考えた時、竹田市に残る数％になる人生じゃないかと考えた。みんなが選ばない道に行く方が、面白いに違いない。

普通が一番難しいとは思いながらも、今日も同じ、明日も同じではつまらない。何の分野かはわからないながらも、僕は地域で何者かになることを目指した。みんながダメだと言う道を行ったほうが、面白いしドラマチックに違いない。

何より僕はこのまちが好きだ。それは家族や周囲の環境の影響が大きくて、特に祖母は竹田市以外のまちを知らないのに、「このまちが一番いい」と言うのだ。他のまちを知らないのに変な話だが、すごくいいことだなと思った。

「大好きな竹田市のために働ける、転勤のない仕事はないか」と考え、竹田市役所に就職し、社会人としての一歩を踏み出した。

慣れないことに必死な毎日。「自分の仕事が地域のために本当に役に立っているのかわからない」と悩んだこともあったが、地域を本気で思う人々との出会いから、その迷いは消えていった。とはいえ、すぐには自分自身がこのまちのために何者かとしてできることは見つからなかった。

しかし竹田市役所で働き始めて5年目のとき転機が訪れた。異動により移住担当者となったのだ。移住担当者になったら、全国のさまざまな地域にいる移住希望の人たちと交流ができる。おもてなしをしよう。交流拠点をつくろう。さまざまな構想が思い浮かび、自分の内面が大きく動き始めた。

移住希望者の対応と並行して、夜は市内の企業経営者や地域の方、まちづくりに取り組む若いメンバーなどさまざまな人たちと竹田市の未来について考える会議が続いた。

移住者だけでなく、住民が一緒になって真剣にまちのことについて語っている様子を見て、ワクワクした。まちが動き出す胎動が聞こえてきた気がしたのだ。

何者かになるスタートラインへ

これまでの移住担当の仕事といえば、移住希望者に空き家を紹介し、マッチングしていくといった内容だった。ただ移住希望者の相談は土日が多く、役所が休みのため断っていたことが多かったようだ。さらに紹介する空き家も絶対的に数が少なく、候補地として選ばれることが難しい状況だった。

「うまくいくはずがない」「こんなまちに都会から移住希望者が来るはずない」、そんな声が聞こえてくる中たった1人、僕はチャンスだと捉えていた。

まずは紹介する物件数を増やすことで、それに比例するように相談件数も増えていった。さらに土日の移住案内も対応することにより、家族連れの相談者が急増したのだ。そのなかで何より大切にしたのは地域の方との関係づくり。希望者それぞれに合った地域をマッチングしたり、地域の人を紹介したりして、実際に引っ越して来た時には、すでに40〜50人の知り合いがいる状態にした。そうすることができれば、移住してからも不安じゃないし、仲間がいるということは大きな安心感につながるのである。何者かになりたい。これまで抱いていた夢を叶えるスタートラインに、ついに立つことができた。

地域は明日変わらなくても良い。ゆっくりで良い

僕ができるのは地域が困っていることに解決策を提示すること。そして多くの情報を全国へ発信することだ。良い流れをつくって、このまちを次の人、また次の人へと繋いでいけたらいいなと考えている。

地元の市役所に就職して、仕事が面白くなくてくさった時期もあったが、それでも自分と竹田市の可能性を信じてこられた背景には、竹田市に移住してくれた友人たちの声があった。

僕が好きな場所に連れていって、好きなものを食べてもらって、好きな人に会ってもらう。すると「環境がいいね」「このまちは面白いね」って褒められるのだ。僕にとっては、これ以上ない喜びである。僕がこの場所で暮らしていく選択をしたのは間違いじゃないと言ってもらえている気がする。そういう積み重ねがあって今があると思う。

竹田市に残って何で闘うかも決めていなかったし、何のスキルを伸ばせばよいかもわからなかったけれど、このまちの可能性だけはとにかく信じていた。

もし今、あなたに何か強い思いがあるのなら、自分を信じてまっすぐに進んでみてはどうだろう。僕も自分の気持ちに、素直に歩んでいこうと思う。

ヒョウ柄の公務員、田んぼから愛を叫ぶ!!

福岡県大刀洗町　村田《むらた》まみ

1972 年生まれ。福岡県大刀洗町役場入庁 29 年目。地域振興課長。企画・広報・ブランド戦略・観光・ふるさと納税・コミュニティなど担当業務は多岐にわたる。

大刀洗の女豹と呼ばれて

「もっとこの町の知名度ば上げたかけん、何か考えてくれ！」。福岡県大刀洗《たちあらい》町、知名度がいたって低いこの町で、町長からこう言われました。色々考えたあげく、「私が営業マンになって、「大刀洗」ば叫んだらよかたい！」と言う答えに行き着きました。

私をまず知ってもらう。って事です。第一印象が大事。だからテーマカラーを決めました。それが大好きな「ヒョウ柄！」もはや色じゃないんですけど。ヒョウ柄を着て、自分の事を女豹って言ってみよう。大刀洗の女豹って。自分ブランディングをまずやってみよう。町のＰＲなんて恐れ多いから。そこから私流の営業活動が始まったんです。

町の皆さんに背中をドンとおしていただきながら……。

友達の友達はみんなトモダチ

10年ほど前からTwitterやFacebookを使って町の良いところや大刀洗暮らしを個人的に発信しながら、一方で面白い人や共感できる仲間や師匠を探しました。やりすぎて炎上もしたんですが、そのおかげで心配してくださる方や、ご指導いただける方、応援してくださる方も増え、何をやるときも「いっちょんわからんけん（まったく分からないので）、助けてくださーい」と叫びいろんな方にアドバイスを頂いています。

どうやって発信力をつけたかと言うと、単純に夜、晩酌の酒をSNSにアップして、町の情報や今日の出来事と一緒に「カンパイクイーン参上！かんぱーい」って毎日発信してたんです。カンパイ仲間は自治体職員か、まちづくりNPO、議員、首長と限定して友達申請してフォロワーを増やしていきました。

結果、町の公式フェイスブックページを立ち上げ運営したり、SNS勉強会を地域コミュニティで開いたり、通販事業を始めたりなどさまざまな新規事業を立ち上げる事ができました。

SNSでつながった自治体へ視察へ伺ったり、講演等に呼んで頂いたりリアルな繋がりに発展していきましたね。全国がぐっと近くなりましたし、全国にたくさんの上司や同僚が出来て「日本中が私のオフィスばい！」みたいな感覚になりましたよ。

ゆるキャラよりもハードキャラ

「地方はもっと個性を活かして」と、言われるじゃないですか？　でも、大きなＰＲイベントに参加してみたら、みんな色違いくらいの差しかないハッピを着て、色違いくらいの差しかないのぼりを立てて並んでいたんですね。もちろんうちの町も同じく並んでました。さらにはそこに大差ない「ゆるキャラ」が登場するわけです。

「そげなふうに横並びしとる地点で、もう個性やらどこにもなかやんね！」と思って。

大刀洗町は南北朝時代の武将菊池武光公が刀を洗った町なので、ゆるキャラつくるよりはリアルな武将のコスプレをしてＰＲするとが面白いっちゃない？ってやったんですよ。モコモコしたゆるキャラ群の中に、大真面目な武将コスプレが1人混じったんです。これはぬけ感が出ますよね。まあ、隣にはヒョウ柄の私がもれなくついているんですけどね。

大人数アイドルグループの人気投票で1位のセンター枠を狙うより、紅白歌合戦不動の大トリ北島三郎さん枠を狙いたいんですよね。

フスマは撫でても破れない

誰もやったことがない事を大真面目に楽しみながら一番にやってみる。最近はその面白さにのめり込んでいます。国外ＰＲ事業なども立ち上げましたが、ここでも「大刀洗の女豹」として香港でＰＲイベントをやりました。香港で応援してくださる仲間とどんどん繋がって、「大刀洗お野菜応援団」みたいな大きな流れが出来たんです。マンダリンオリエンタルホテルに野菜が流れ出し、シェフが買い付けに来られるようになりました。

その話題を大刀洗に持ち帰るんじゃなくて、次は東京に持っていく。東京のほうがそういった感度が高いですからね。銀座辺りのしゃれたスペースで単独イベントをやるんです。

そうすると、やっと福岡市内でも「大刀洗って最近元気よかね！」と騒《ざわ》めき出して。手を差し伸べてくださる仲間が出来て。やっと地元福岡で単独イベントができるんです。その名も「クラブまみ」。私がママです。いろんな業界からお越しいただきますよ。

女豹村田まみママが極上の大刀洗野菜を提供する会。お野菜以外は飲み物もお土産も参加者持参。そのうえ会費も頂くんですけど、毎回大盛況です。大刀洗応援団がどんどん増えて大刀洗を介して繋がっていきます。

思うにフスマは撫でても破れないいんですよ。グッと拳握って思いっきりやらないと破れないいんです。そうやって誰も破ったことがない襖を、グーパンチで思いっきり破いて初めて、その大きな穴から見たことがない景色が見えてくるんじゃないかって思っています。

「さあ、次のフスマば破ったら、どげな世界が見えるっちゃか！」。

18

スポーツで培った精神を職務に活かす
――空き家バンク

山梨県山梨市　磯村賢一《いそむらけんいち》

1968年生まれ、法政大学卒業。旧牧丘町役場に入庁。市町村合併により山梨市職員となる。地域資源開発課長。

結果を残す

私は、負けず嫌いの性格であると共に、常に挑戦し続ける志を抱いています。スポーツを通じて、必ず「結果を残す」ことを、いつしか身につけていたのです。中学2年生の時、ウエイトリフティング競技（重量挙げ）を体育の先生に進められ、始めるきっかけとなりました。ウエイトリフティング競技は、10階級の体重別に分かれていることと、自分自身の努力によって、記録を伸ばすことができ、目標が立てやすい競技なのです。高校への進学とともに、本格的にウエイトリフティングにのめり込み大学そして卒業後、社会人として数々の大会へも出場しました。

日々のトレーニングでは、自分の弱点は何処か？自分自身にとっての課題は何か？身体的に、メンタル的に何を克服すればよいのか？考えていました。

弱気になったら絶対勝負は勝てないので、相手に惑わされないためのメンタルを持つことと、万が一、怪我をした際には、どうすれば早く治すことができるのか？故障中すべきトレーニングは何か？どうすれば？と考える思考回路がいつしか身についていたのです。

大学卒業後も地元山梨県に戻り社会人選手として競技を続けるために、旧牧丘町役所に入ったのです。大会に出場すると翌日、試合結果が、新聞に掲載されます。時には、優勝・磯村選手（所属・牧丘町役場）と云うように、役所の名前までしっかりと掲載していただけるのです。

私が、頑張ることによって、自治体名、役所の宣伝もできる広告塔でもあったのです。

高校から社会人まで、臨んだ大会は、68試合を数え、そのすべての大会において、失格することなく結果を残すことができたのでした。しかし、忘れてはいけないのは、決して1人で築き上げたものではないと言うことです。指導者の先生方を始め、一緒に取り組んできた仲間、応援してくれた方々などに支えられていることを忘れてはならないと思っています。このことは、自治体職員として取り組む業務に対しても、同様な事が言えると思っています。「チームワーク」です。お互い助け合と支え合いの関係が、行政でも必要不可欠と考えています。職員が一丸となって達成することができたとすると、お互いの組織目標が明確になるとともに達成感を共有することにより組織レベルの向上と理想の組織体制につながります。

さて、自分自身が、臨んだ事に対して、結果を出す。と云う思考は、地方公務員になってからも変わることなく、物事を考える時には、必然として、この件に対する「課題は何か？」「原因は、何か？」「解決策」「どうすれば、住民に喜んでもらえるか？」と考える思考回路が整っていたのです。

これは、幼少期からスポーツで培った自分自身への宝物かもしれません。

自治体職員としては、住民が幸せに暮らすために課せられた責務であると自負し、業務に対し、挑戦する意気込みを持って諸課題に向かっています。当然、解決するには、時間も、周囲の理解も必要とされますが、こうした壁に立ち向かおうとすると、無意識に、私の思考回路にスイッチが入り闘志が湧いてくるのです。なぜ、どうしたらできるのか？たとえ叶わなくても、進んだ道のりの分は、前に進み、今までより違う何かを得ることができることは、スポーツを通じて、学んで来たので、突っ走りました。

そして、暁には、達成感というご褒美が祝福してくれるのです。

それは、課題に立ち向かう人、チャレンジする人しか味わうことのできないものなのです。

この達成感を一度味わってしまうと、忘れることができなくなってしまう何とも言えない味なのです。

これは、住民の笑顔や笑い声、時には、ありがとうという感謝の声などと相まって味わうことができる地方公務員としての最高のご褒美なのかもしれません。

培った精神を、行政で活かす

行政の仕事においても、頑張ることによって結果として、全国でも注目されます。このことは、まったくスポーツと同様と感じています。特に、そのことに直面したのが、「空き家バンク」の仕組みを制度化した時の事です。私が、空き家バンクを立ち上げようとした２００５年は、全国でも取り組みはされていたものの自治体が行っている内容は、単に物件の紹介のみでした。貸し手と借り手を取り持つものではなかったのです。契約手続きは、それぞれ当人同士で行ってもらうという内容でした。私は、何のために行っている施策なのか？　施策の目的を考えた時に、違和感がしたのでした。過疎対策、空き家の解消、人口対策などの取り組みで実施する施策であることから、しっかりとした仕組みが求められると考え、地元の宅地建物取引業協会（宅建協会）さんに相談を持ち掛けたのです。

市から内容を伝えると、宅建協会としても仕事につながるとともに、イメージアップが図れるとの見解から協力を得ることができたのです。市に変わって仲介手続きを行うための協定を２００６年８月締結、貸主（売主）と借主（買主）との仲介を行う新たな「空き家バンク」制度を立ち上げることができたのです。自治体が、宅建協会と協定を結び実施する空き家バンク制度は、全国でも初となることから、この取り組みが全国的に波及していったのでした。

お陰で、物件も増え、移住者も増えるとともに、マスコミ、自治体からの問い合わせも増え、山梨市の認知度もあがりました。真に、スポーツの世界と同じです。自治体としての弱点と施策としての目的を持って掴んだメダルだったのです。

こうした挑戦は、何より地域の活性化につながり、自治体職員として、住民が幸せに暮らすための責務を果たす為の使命だと思っています。

移住イベントふるさと回帰フェアにて山梨市の PR

得意を活かして地域と関わる——お笑い行政講座

兵庫県尼崎市　江上《えがみ》昇《のぼる》／桂山《かつらやま》智哉《ともや》

尼崎市職員で、元松竹芸能の江上と元吉本興業の桂山を中心に結成したユニット。お堅い行政課題を漫才等でわかりやすく伝える活動を展開。

元漫才公務員、登場！

桂山「どうもー、尼崎市職員で、元吉本興業の桂山です」。江上「元松竹芸能の江上です」。桂山「元漫才師が2人もいるなんて、どんな市役所なんでしょうね」。江上「尼崎市くらいですよ、採用する職種に『お笑い』の枠あるの」。桂山「ないわ！我々、普通の事務職です！」。江上「そんな尼崎ですが、最近、メチャクチャ良い街になってます。犯罪も減っていて、市内で発生するひったくりの数が、一番多かった時から50分の1まで激減しているんです」。桂山「素晴らしいですね」。江上「でも一つ気になってまして。尼崎でひったくりが激減した時期と、桂山さんが芸人から公務員に転職して収入が安定した時期が、ぴたりと一致してるんです……これって偶然じゃないですよね」。桂山「偶然ですよ！」。

これは我々が普段使っている「尼崎市を紹介する漫才」の一節。「尼崎の魅力を紹介します」と言われても、知らんがな、って話ですよね。それを「元漫才師公務員の、日常で使えるコミュニケーション講座」とすれば、お笑いだったら見にいこうか、と関心をもってもらえて、いつのまにか尼崎の魅力が刷り込まれるというもの。これまで町内会や研修、市民向け講座など140回以上開催、1万人以上にお聞きいただいています。「尼崎って変わったんやな」というイメージが少しずつ広まれば、という思いです。

お笑い行政講座を始めたのは2016年。桂山がゼミ形式の研修で「お笑いを活用したまちの魅力発信」をテーマにしたことが発端です。取り扱うテーマも増え、今では「漫才での行政情報の発信」のほか、「お笑い芸人が使う日常会話の技術」「ツッコミ講座」「リアクション講座」など、主にコミュニケーションに関する内容を、実演を交えてお伝えしています。

お笑い行政講座はなんのため?

よく誤解されるのですが、「好きだから趣味でお笑いをやっている」のではありません。お笑いはあくまで「公務員として活動するための一手段」です。「公務員×お笑い」という組み合わせのインパクトで注目してもらい、少々お堅いテーマを「お笑い」で包み込むことで、直接的には受け止めにくいメッセージも、聞き手に負担をかけずに聞いてもらうことができます。

我々は、年に一度、障害をテーマにした福祉イベントに出演しています。聴覚障害がある方と江上で手話漫才をしたり、車椅子の女性と桂山が漫才をしたり。たとえば聴覚障害のある方のセリフで「耳が悪くて逆に便利なこともありますよ。ゲストの挨拶が長いなあ、と思ったら、補聴器を外せば快適に過ごせます」「ちゃんと聞け！」といった具合。関わってくれる人も年々増え、2019年からさまざまな障害がある方が出演する「新喜劇」を上演。市長にも特別出演していただき、新聞記事にもなりました。いろんな障害について広く知ってもらい、身近に感じてもらう、という目的を達成するのに「お笑い」は非常に相性が良いと感じます。福祉的なテーマを、肩肘張らずに扱えるのは「公務員×お笑い」の強み。障害が一つの「個性」として受け止められ、身近なものになれば、という思いで取り組んでいます。

業務外の活動が本業をブーストする

こうした業務外での活動は「公務員のパラレルキャリア」として近年、話題にのぼります。「仕事」と「仕事以外の活動」とを分けて考えることもできますが、実際にはそれらは密接に結びつき、外での活動が本来業務の成果も高めると考えています。桂山は地域の仕事ですので、学校での講演や地域イベントへの出演を通じて知ってもらい、人と繋がることが大きなメリットになりますし、江上もエビデンスに基づく政策立案（EBPM）やナッジ、ヤングケアラーといった新しい分野の仕事をしていますが、「前例のないものを立ち上げて軌道に乗せていく」という作業では、業務外でのさまざまな挑戦、経験、そこで身につけたスキルや能力が多いに役立っています。

2020年、国の「公共私連携」の議論のなかで「政策に通じた地方公務員が地域活動に従事することが重要」と明記され、我々のこうした活動も大手を振ってできるようになりつつあります。公務員の世界でも地域での活動、副業・複業が強く推奨される時代が遠からず訪れるでしょう。大きな追い風が吹いている今こそ、一歩踏み出すのに絶好のタイミングではないでしょうか。

お笑い行政講座は誰にでもできること

我々が特殊な例に見えるかもしれませんが、実はそんなことはありません。我々は「お笑い」ですが、誰もが自分の得意なことを生かして活動し、そこで得たスキルやネットワークが公務員としての業務の質を高める、そんな好循環を生むことができるはず。

お笑い行政講座は、公務員のライフスタイルへの一つの提言でもあります。自分の得意を生かして地域と関わり、社会課題に少しでも関わる。そんな公務員が増えてほしいという思いで、活動のＰＲにも力を入れています。我々を知ってもらえれば「漫才がアリなら何をやってもアリだよね」と、公務員が行動しやすくなると考えています。

尼崎市では、我々だけでなく、多くの職員が街のなかで活動していま す。空き家をリノベーションして住み始めた職員、商店街の活性化に取り組む職員などなど。そうした活動が広がり、地域と職員とが、誰が誰だかわからないほどまざりあえば、なんだか素敵な街になるような気がします。お笑い行政講座がその一端を担うことができればこれほど幸せなことはありません。

2018年「みんなのサマーセミナー」にて

20

マイパブリックを備えた究極の趣味
——芸術祭のサポート

香川県　後藤《ごとう》　努《つとむ》

1976年生まれ。2001年、香川県庁入庁。まちづくり型観光から芸術祭に目覚め、アート芸術祭研究家として全国各地の芸術祭を巡っている。

瀬戸内国際芸術祭（以下、「瀬戸芸」という）は、香川県を中心とした瀬戸内海の島々を舞台に開催されている現代アートの芸術祭である。２０１０年に始まり、３年ごとに約１００日間の会期で開催されている。来場者数は１００万人を越え、海外からの来場者も回を重ねるごとに増えている。

さまざまな芸術祭があるなかで、私が芸術祭と出会ったのは、２００９年の越後妻有大地の芸術祭である。Ｊ－ＮＥＴ47という地方公務員が集まる全国大会が新潟県で開催され、偶然、視察先の一つとして訪問したところ、地域の活性化に資する芸術祭の二つの凄さに驚愕した。一つは芸術祭の強力な誘引力である。実際に大勢の来場者が作品鑑賞のため、名前も場所も知らなかったはずの山奥の隅々にいたるまで訪れていた。しかも、若者の割合が高く、少子高齢化が進む地方には理想的な来場者の属性であった。もう一つは、大地の芸術祭のボランティアサポーターであるこへび隊の存在である。こへび隊は、アーティストや地元の人達と一緒に作品制作を行ったり、作品受付やイベントの手伝いをしたりして、芸術祭の運営を支えている。当初のメンバーは首都圏の大学生が中心だったが、多くのサポーターが社会人になっても交通費自前で繰り返し活動に来ているとのことであった。関係人口という言葉はまだ当時なかったが、縁も所縁もまったくなかった地域のために、わざわざ通って来てくれるファン以上の支援者が大勢存在することを発見した。もちろん災害支援等により遠方からでも地域の支援者が発生することは承知していたが、アートという強力な誘引力を活かして、地域が意図的に若者の支援者を作り出せる芸術祭の力に驚くしかなかった。

瀬戸芸は２０１０年に始まり、初回から誰もの予想を越える大勢の来場者があった。私は、こへび隊の瀬戸芸版であるこえび隊に参加し、作品制作や作品受付等の活動を行いながら、県内外からわざわざ活動に参加してくれたサポーター達を積極的に歓迎した。また、第１回の終了後からは、全国各地の他の芸術祭を来場者としてだけではなく、サポーターとしても参加して巡り、芸術祭をさらに地域にどう活かすかを考えていた。結果、私自身が各地の関係人口となるとともに、全国規模の芸術祭サポーターネットワークのハブとしての役割も担うようになった。

第３回の瀬戸芸２０１６年になると、いよいよ私は自分から動き始めた。瀬戸芸をやれば間違いなく人は来る。しかし、単に会期中のみに人を集めることが瀬戸芸の目標ではない。芸術祭の持つ強力な誘引力を活かすためには、一期一会の意識が大切。つまり、１回でも瀬戸内に来てくれることはありがたいことであり、かつアドバンテージになることを認識したうえで、地域外の人との関係性を、会期外や将来に向けたレガシーとして積み上げていきたい。そのためには、まず外から来る来場者やサポーターと地域の人との関係性を作り、地域への思いを伝えることで深化させることが何より必要であると考えた。他方で、もっと地域とつながりたい、知りたい、関わりたいという来場者やサポーターのニーズもまだ十分に満たせていないという課題も感じていた。

そこで、まず私が始めたことは地域内外の接点の場となる交流会の開催である。２０１６年瀬戸芸の開幕に合わせて前夜祭として独自に開催したところ、一般の来場者からサポーターやアーティスト、瀬戸芸以外で地域活動をする人、まだ瀬戸芸を巡ったことのない人まで約40人が集まり需要の高さを十分に感じた。これは２０１９年にも継続し、アナザーオープニングパーティと称して開催した。

また、交流会は県外でも開催してきた。これは、来てもらうだけの一方的な関係ではなく、お互いに思いを寄せ合う関係が望ましいとの考えからである。自分の上京に合わせて東京で開催するだけなく、２０１８年2月には、台湾で新年会として開催した。瀬戸芸には海外の中でも最も台湾からの来場者やサポーターが多かったからであり、これには日本各地からも13名のサポーターが参加し、総勢約40名が次回での再会と協働を誓い合った。

これまでの瀬戸芸の継続開催により香川県の関係人口は幅広く増加し、アート県としての知名度やイメージの向上を実感している。今後、この関係性は、商品を買う際や旅行に行く際、移住をする際等に自然と選んでもらえるための地域ブランドとしてさらに育てることのできる可能性もある。一方で、地域の活性化というからには、地域のなかで、有償か無償かにかかわらず、主体的に考えて動くという生き甲斐を持つ人、つまり能動人口を増やすことが欠かせない。芸術祭でいえば、来場者と接することや関係人口が刺激を与えることで、地域に新しい動きが生まれる。地域の人が無関心だった地元に目を向け、ごみを一つ拾うことから、道案内や独自の歓迎、お接待まで、次はどうしよう、明日はこうしよう、と考えることが喜ばしい。やらされて動くのではなく、思いのある予想外の動きの露出こそが、芸術祭の華である。芸術祭は、地域という誰にでも開かれた空間で繰り広げられるものだからこそ、傍観者から一歩踏み出せば、多彩な関わりしろがあるところも素晴らしい。

私自身が先駆けとなるべく始めた活動が瀬戸内朝活である。これは早朝の高松港で来場者の案内と、出航する船の見送りを行う活動である。高松港は瀬戸芸の中心となる港であるにもかかわらず、乗船券の発売場所や乗船桟橋の案内がいまだに十分ではない。来場者の不便と不満の解消に加えて、作品だけでなく島を知り尽くした自分の能力を存分に発揮できる案内は非常に楽しい。船の見送りについても、海の復権をテーマに掲げる瀬戸芸の船に乗るという体験に花を添えるもので、大変喜んでもらえている。この瀬戸内朝活と名づけた活動を、私は2016年と2019年の会期中にほぼ毎朝実施した。

交流会の開催や瀬戸内朝活は、マイパブリック（私設公共性）を備えた究極の趣味のとなっていることから、瀬戸芸はすでにマイトリエンナーレであり、自分の最高のパフォーマンスを発揮できる舞台である。瀬戸芸を最大限に有効活用することが自分の使命であり、それが自分にならできる。うどんだけじゃない香川県の関係人口と能動人口の最大化という果てしない目標を目指して、さらに動いていく。

香川小蝦隊新年會 in 台灣

プライベートの一時間を使って小さく始める

長野県塩尻市　山田《やまだ》崇《たかし》

1998年塩尻市役所入庁、2012年空き家プロジェクトnanodaスタート。著書に『日本一おかしな公務員』(日本経済新聞出版社、2019)。

市役所をハックする！

２０２１年９月現在、私が中心となり仲間と立ち上げて運営しているオンラインサロンは三つあります。それぞれ「期間限定（辞める日を決めて）」「小さく始めてみる」「オープンにする（記録と公開）」が共通するコンセプトです。

「市役所をハックする！」は、日本中の公務員が地域課題を共有のものとして話し合い、プロジェクトを立ち上げ、解決を模索していく取り組みです。６ヶ月を１クールとして２０１９年９月からスタート。プロジェクトスタート時のコアメンバーは塩尻市、雲南市、仙台市、丸森町の公務員４人、現在は第３クールが終わり、第４クールとして、民間企業人材、大学生等、約１００名のメンバーが参画しています。

新型コロナウィルス蔓延以前からzoomを活用し、毎週メンバーで対話するミーティングや出勤時に気軽に聴ける「オンラインラジオ」を実施。この取り組みから「官民連携しやすい自治体１００選」の調査・研究、世界の先進事例を学び地域社会への実装を研究する「世界の市役所をハックする！」、太刀川英輔さんの『進化思考』（２０２１年４月発売）を学び合う「進化の学校」、災害時に災害対応にあたる公務員の被災した家族を支援し合う「一般社団法人アスミー」などのプロジェクトが生まれています。

オンライン関係人口未来ラボ

鳥取県庁と塩尻市、民間企業（公共交通、航空等）と、オンラインでの関係人口創出、ワーケーションの可能性等を対話して実証していく「オンライン関係人口未来ラボ」を２０２０年４月からスタート。毎週木曜と土曜朝７時から、約30名のメンバーがディスカッションを続けています。同年12月には鳥取市、三原市、塩尻市が連携し「アートワーケーション（ＡＮＡデジタルデザインラボ）」プログラムが生まれました。オンラインで旅前の関係性構築を検証する「オンラインブートキャンプ」の実証も行い全国紙のウェブメディアや、国土交通省「ライフスタイルの多様化と関係人口に関する懇

進化の学校（市役所をハックする！）

談会（２０２０年7月）」にも掲載され、コロナ禍でのオンライン活用の事例として注目いただきました。

やめる日を決めて、小さく始めてみる

この二つのオンラインサロンに、後述の「塩尻 CxO Lab」を加えた三つのコミュニティを始める半年前に、私がプライベートで「小さな行動」として実践した「山田崇ラジオ」があります。

「山田崇ラジオ」は、２０１９年5月スタートしたゲストと1時間の対話をするコミュニティです。「毎週金曜朝7時から8時まで zoom を活用（現在は毎週水曜）」「YouTube 限定公開（２０２１年8月11日現在55動画）」「note で公開（記事）」により、9月1日に１２５週連続開催を迎えました。

過去の山田崇ラジオのゲストと note のタイトルは次ページの表のとおりです。

アスミー設立のきっかけとなった丸森町への支援活動

「塩尻 CxO Lab」第2期へ

２０２０年6月からは総務省「関係人口創出・拡大事業」モデル事業として塩尻市が全国25団体の一つとして採択され「短期間」「リモート」「副業・複業」で地域課題解決に外部人材が関わる仕組みづくりをスタートしました。6ヶ月限定のオンラインサロン「塩尻 CxO Lab」は、27名の外部人材に参画い

ただき関係人口創出につながっています。その取り組みは鳥取県・NPO法人学生人材バンク（鳥取市）との連携により「とっとりMEGURUラボ」として、2ヶ月間のコミュニティに横展開。自治体の境界を超えて、よいアイデアは他の自治体とも共有し、実際に社会実装するための実証の場としての可能性を感じています。

2021年7月からは「塩尻 CxO Lab」第2期をスタートし、継続的に本市に関わる仕組みの構築を目指しています。「1週間168時間のうち1時間」「プライベートの時間を使って」「まず小さく始めてみる」のアクションが、他の自治体職員や民間企業人材を巻き込む、三つのオンラインサロンにつながっています。実証したことを「記録・公開する」ことで仕事の一部につながりました。地域からの挑戦を、小さな行動をぜひ一緒に実践しましょう。

山田崇ラジオのゲストと note のタイトル

2020.12.4	87 回	山田語録の誕生 !? 目の前で起きていることが唯一の真実／小橋一隆（電通）
2020.12.11	88 回	山田崇という人間を解剖してみた／福田竹志（ヒトラボ（リクルート））
2020.12.18	89 回	関わる人を面白がらせる力／伊藤俊徳（Work Design Lab）
2020.12.25	90 回	未完了を未完了のまま留めておく／井上格太（FINOLAB）
2021. 1. 1	91 回	1 年の計は元旦にあり。／光野由里絵（雲南市）、島田龍男（ワクワクプランニング）
2021. 1. 8	92 回	「今ここ」に向き合う／田村志保（アデコ）
2021. 1.15	93 回	同じ時間軸を生きる人たち／西宮竜也（JR 東日本）
2021. 1.22	94 回	自然に学ぶ＝進化に学ぶ／山口有里（グロービス地域活性化クラブ）
2021. 1.29	95 回	成し遂げたい世界の実現のために働く／山内菜都海（JR 西日本不動産開発）
2021. 2. 5	96 回	共通のルーツを持つ人の繋がり方／中村元（JR 東日本）
2021. 2.12	97 回	Clubhouse の可能性を語る／濱本隆太（パナソニック / ONE X）
2021. 2.19	98 回	今求められる「変化適応力」／島田龍男（ワクワクプランニング）
2021. 2.26	99 回	未来の自分から価値を借りる／沼田尚志（スーパーイノベーター）
2021. 3. 5	100 回	大学生と社会人の大クラッシュ／沼田尚志（スーパーイノベーター）

まちのファンと幸せな家族を増やして生きる

日常を編む人（元愛媛県松前町）　高橋陽子《たかはしようこ》

2015年愛媛県松前町役場を退職。CRAZY WEDDING プロデューサーを経て 2016年独立。「日常を編む」をコンセプトに、執筆を中心に企画、撮影なども。1児の母。

松前《まさき》町で広報まさきの担当だったころ、「家族」をテーマに特集を組んだ。東日本大地震があった年で、日本中が家族のきずなを考えたとき。企画しては練り直し、取材しては原稿に行き詰まり、締め切りに追われる日々。頭を「家族」でいっぱいにして深夜に帰宅すると「おかえり。先寝るね。ごはんあるよ」の置き手紙。28歳、独身、実家暮らし。寝ても覚めても広報だった私に、家族の温もりが染みた。

人事異動に泣く前

新採で入庁し、最初の配属先が「広報まさき」の担当だった。一読者だった私は喜んだのもつかの間、他市町のレベルの高さに唖然。すぐさま全国の広報紙を読み漁り、数カ月後には、各課の担当者を集めてリニューアル計画を発表した。コーナーを統廃合し、特集をスタート。デザインも一新した。

大切にしたのは、町民をたくさん紙面に登場させること。役場と同じ一眼レフカメラを購入し、週末もまちを巡った。任せてもらえることがうれしくて、楽しくて、まちに出るたび高まる「まちを好きになってほしい」「幸せな家族を増やしたい」「まちを一つの家族にしたい」という想いが私を突き動かした。私がタッチしない広報まさきは存在させたくないし、タッチする以上このレベルでないと嫌というこだわりもあった。「後任が大変だよ」と言われても、後任のための仕事ではないとキッパリ思った。

リニューアル当初は、取材を受けてくれる人が見つからないことも、広報で個人を取りあげたことを議会で一般質問されたこともある。でもそれは、新しいことへの挑戦の証であり、町民の声を聞くことはまちを良くすると信じた。いつしか私は「取材においき」とつないでくれる人、「広報まさきの人や！」と駆け寄ってくれる子どもたち、84歳の女性宅に通い詰めた取材では「おーい、ばあさん。孫が来たぞ」と迎えてくれるご家族に囲まれ、まさに「一つの家族のようなまち」で幸せな仕事をしていた。

全国に名の知れる「広報うちこ」の西岡真貴さんとつながったのは、リニューアルから約1年後。「実家で広報まさきを見たとき、ガラッと変わっているのがうれしくて」と松前町出身だった真貴さんがリアクションをくれたことがきっかけだ。企画骨子を見てもらったり、紙面に赤入れをしてもらったり。全国の担当者ともつながって、一緒に泣いたり笑ったりできる仲間の存在にも支えられていた。

そして訪れた転機

広報5年、ついに人事異動が出た。給湯室でひとり泣いた。新部署でもやりがいを感じる反面、法令に基づき処理する業務に「私じゃなくていい仕事をする時間がこの先の人生にあるんだ」と、組織で働くことへの不安を覚える。一方、プライベートでは結婚が決まった。この結婚式で私の人生は一変する。

CRAZY WEDDINGで式を終えた私に残ったのは「意思をもって人生に挑む」自信。同時に「CRAZY WEDDINGのプロデューサーとして生きないか」と声をかけてもらう。自分を生きながら誰かの人生に影響を与え、結婚式を手段に幸せな家族を増やす。理想の働き方に心が弾んだ。

だからと言って、すぐに決断はできなかった。同期に恵まれ、公務員の安定を手放すことは怖かった。上京を伴うため、新婚で、最愛の祖母が認知症であることも気がかりだった。家族は反対し、私も葛藤。けれど、一度理想を描いた私に、今の延長線上を生きる選択肢はなかった。肩書、安定や反対に翻弄されるより自分を生きよう。1年後には新しい結婚式と働き方を持ち帰ろうと決め、私は公務員を辞めた。

上京後は、全国でさまざまな結婚式をプロデュース。幼少期の新婦が父親に手を引かれて遊んだ公園にバージンロードをつくったり、離島に嫁入りした新婦にサプライズ結婚式をしたり。ただ、愛媛に帰るめどは立たぬまま、約束の1年が過ぎた。祖母の体調は悪化。休暇のたびに帰省していた5月。連日病院に泊まっていた母に「今日は私が泊まる」と言った日の夜更けに、祖母は息を引き取った。

なぜ働くのか、どう生きるのか

東京に戻るも、「幸せな家族を増やしたいのに私はどうだ」と疑問が襲う。反対しても送り出してくれた家族のため、お客様のため、と前を向くも疲弊する私は、自問して気づく。家族を置いてきた私でもプロデューサーでもない、ただの高橋陽子が今選びたいのは唯一「家族」だと。祖母の死を無駄にしないためにも、最後まで自分を生きよう。大切なものを見極め、先送りしない人生を歩もうと、退職した。

帰郷後は、家族を生活の中心に据え、執筆や撮影で「日常」を編集するフリーランスに。思えば私は広報まさきで「まち」を、結婚式で「人生」を編集してきた。編集は、自分の介在価値を問う幸せな仕事だ。出産後は「子どもを預けてでもしたい」が仕事の選択基準。内容もペースも子ども優先。母をシッターに引き連れ旅気分で取材に行くことも、原稿に行き詰まって合間に家事をすることも日常化した。仕事と家庭の境界線は曖昧で心地よい。

フリーランスになり母になり思うのは、今は究極的に「なぜ働くのか、どう生きるのか」を問われているということ。誰しもそうかもしれない。人生100年時代。終身雇用が常識ではないし、副業も会社公認の時代。自分で生きることができる時代に、私たちは生きている。

あの家族特集から10年。今ならきっと、あのときとは違う家族特集が組める。寂しくはあっても、残念ではない。公務員を経由して人生と向き合い、フリーランスを選んだ、今の私にしかできない仕事がある、と知っているからだ。編集手段は、子どもの成長を機に結婚式が加わり、親の介護を機にまったく経験のない分野に変わるかもしれない。けれどいつだって私は、大好きな松前町を拠点に大切にしたいライフスタイルを築きながら働く。そんな私の生き方が、誰かにとって「まちを好きになる」「家族を幸せにする」きっかけになればと願うし、地方で働く女性に希望を与えるかけらになれば、とも願う。

地元を子連れ取材。仕事も子どもとの時間もあきらめない

中山間地の集落を未来へ残したい―「原点の地」からの挑戦

農林水産省　佐藤大祐《さとうだいすけ》

学生時代の夏、中山間地域の奥の奥に住む人たちの思いを知りたくて、長野県旧中条《なかじょう》村（現長野市）の伊《い》折《おり》集落を訪れた。その時に出会った有機農家の久保田清隆さんを中心に、10年以上伊折集落には足を運び続けている。農水省には、「伊折のような集落の人々や風景を、未来に残していくための仕事をしたい」という思いを持って入省した。

国交省出向時代には、伊折集落と仕事でつながりができた。集落内のすべての土地を守ることは難しいなかで何を守っていくか、という先例のないテーマでの話合いを、モデル的に中山間地域の集落でやってみることになり、そこで浮かんだのが伊折である。

高齢化率60％以上、人口は20年間で半減と、モデルには最適だ。維持可能な土地の範囲を絞り込むという非常に重いテーマであったが、区長になっていた久保田さんが快諾してくださり、参加者も前向きにテーマに向き合ってくれた。

話合いを重ねるなかで、「何を残したいか、みんなの考えがそんなに違わないと分かった」という意見があった一方で、「絞り込んだ土地だけを維持していくことすら難しい」という意見も多かった。伊折での話合いは今も続けており、農水省に戻った私は、「関係人口」の一員として、話し合いに参加し続けている。

伊折のような集落を未来に残したいという思いに間違いはなかった。入省から10年以上経った今だからこそ、強い気持ちで言える。思いを実現するための挑戦を、これからも続けていく。

伊折集落

偶然を必然に―種を撒き続けることの重要性

島根県津和野町　齋藤道夫《さいとうみちお》

1982年に入庁して約40年、昭和、平成、令和と公務員生活を過ごしてきたが、良い機会を頂いたので、これまでの活動を振り返ってみたい。

私的な活動としては、30代後半から集落で取り組んだ「野中里山倶楽部」の活動だ。10年近く続けた活動で、最終的には農家レストランの経営にまでいたった。現在は休眠中だが、当時、この活動を通じて集落を守る一つの方法として「集落NPO」を考えた。これが、私の地域づくりの原点になったといっても過言ではない。

一方、仕事面では画家・安野光雅さんとの出会いだろう。1996年、プライベートで上京の折、飛び込みで安野さんの（有）空想工房を訪ねた。以前から職場の同僚と、安野さんのファンクラブを作ろうという話を温めていたので、そのための情報収集が目的だった。訪ねてみて驚いたのだが、そこはなんと安野さんのアトリエだったのだ。「津和野から来ました」というと、たまたま居られた安野さんが、「え、津和野から来たの？ちょっと待ってなさい」と言って、突然訪ねて来た私を快く迎えてくれた。ファンクラブの話をすると、笑いながら、当時、「繪本 平家物語」の巡回展を計画していた朝日新聞社の担当者を紹介してくれた。それから話はトントン拍子に進み、1996年7月、津和野で初めての安野さんの展覧会が実現したのだ。このことが、津和野に安野光雅美術館が建設されるきっかけになった。

よく「あの人は運がいい」という言い方をするが、私は「運」というのは偶然の産物ではなく、撒いた種子がある日実を結ぶ必然だと考えている。若い時にはどんどん種子を撒いてほしい。撒き続けることが重要なのだ。また、思い立ったらまず行動してみるということも大切だ。考えるより先に動く、考えるのは動きながらでも良い、それが私の仕事の流儀だった。

若者よ、もっと冒険しよう。

市役所のロックシンガー、地域に出る

奈良県生駒市　稲葉《いなば》淳一《じゅんいち》

「生駒市役所のロックシンガー、稲葉淳一です」。

幼少の頃から歌うことが生きがいである私なりの自己紹介だ。

地元の飲み会でそんなことを言い続けていると「学校に行くことがしんどい子どもたちによる学校の外での学園祭『学園そと祭《さい》』をやらないか」との誘いを受けた。ロックシンガーの肩書になぞらえて、音楽面のサポート依頼だった。

２０１９年４月、その依頼から半年間の打ち合わせを経て、子どもたちと私も含めた大人たちとで、悪ふざけたっぷりの演劇を披露し「学園そと祭」は実現した。イベントを終えた達成感はもちろんあったが、それ以上に子どもたちとの信頼を徐々に築いた時間がかけがえのないものとなった。

そのイベントを通じて、私はあることに気づいた。これまでの自分の人生はすべて繋がっている、と。

私は大阪で生まれたが、９歳の時、両親の離婚がきっかけで生駒に移り住んだ。学生時代は学校に行くことがずっとしんどくて、不登校も経験した。そして、辛い時の唯一の救いは歌をうたうことだけだった。

こうして大人になるまでの人生を振り返ってみると、両親が離婚しなければ、生駒を知ることはなく、生駒市職員になっていなかっただろう。不登校を経験していたことは、自分事として「学園そと祭」にモチベーション高く関わることができる理由となった。歌好きでなければ、ロックシンガーとも名乗っていない。

つまり、ネガティブな出来事も含め、自分の人生にこそ他の誰にも真似できない強みがあると気づいた。

また、自分がやりたいと思えることは、自分が経験したこと、やってきたこと、知っていることの延長線上にしかないことにも気づいた。

「ロック」というポップでキャッチー、それでいて何かを変えていくことができる力強さも感じる言葉を信じ、これからも自分らしく、生駒で生きていきたい。

世を補益する地域人財育成

愛媛県四国中央市　長野《ながの》敏秀《としひで》

「世を補益する」公務と柔道の親和性

柔道を創設した嘉納治五郎氏は、柔道の最大の目的は「己の完成と世を補益する人財の育成である」と述べている。「公務」とは、まさに「世を補益すること」であり、「公務員」とは、「世を補益する人財」そのものなのではないかと思う。市役所入庁以降、そんな柔道と公務の親和性の高さを感じながら、これまで柔道をライフワークとしてきたが、一方で、いつの頃からか、競技に偏重した現代柔道だけでは、目的の達成は困難であるとの思いを強く抱くようにもなった。

生きづらさを抱えた親子の居場所に

2015年、「勝つことを一旦やめ、寄り添う柔道へ」をテーマに、「ユニバーサル柔道アカデミー」という新たな団体を立ち上げた。生きづらさを抱えた親子が集うことができる道場を目指して5年、少しずつその環境が整ってきた。そして、島根県では、「ユニバーサルアカデミー島根」が立ち上がった。さらには、NPO法人judo3・0（宮城県女川町）とのコラボレーションによって、全国10か所で開催した「発達が気になる子が輝く柔道&スポーツの指導法」ワークショップが、その後書籍の執筆・出版にまでいたり、メディアにも取り上げていただくなど、柔道の新たな価値を探求する活動に注目をしていただいている。

柔道で次代を担う人財の育成

2020年春より、愛媛県柔道協会の理事長に選出された。図らずも、コロナ禍が競技への偏重にブレーキをかけてくれたこの機は、柔道に関わるすべての人達が柔道本来の目的を見つめ直すチャンスでもある。嘉納治五郎氏が目指した「世を補益する人財の育成」に、より尽力できる貴重な機会と立場を与えられた今、公務との両立というより、公務と柔道の両方で自身を高め、地域づくりに寄与することはもとより、これからは、特に地域づくりの次代を担う人財の育成に努めていきたい。

パラレルキャリアが導く成長と可能性

広島県　崎本龍司《さきもとりゅうじ》

月並みだが、「人は、人生の転機をどう活かすかで道は開ける」と実感している。私は4歳の時に交通事故で右足を失い、幾度となく訪れる壁を乗り越えてきた。40歳の時、公務員のかたわら、中国四国身体障害者水泳連盟の理事長に就任したことがきっかけとなり、次のステージを歩んでいる。

6歳から水泳を始め、27歳でアテネパラリンピック出場。水泳を通じてたくさんの人に出会い、さまざまな経験をしてきた。一方で、私の携わった県庁の仕事は外部との関わりが少ない。与えられた業務をこなすなか、新たな刺激となったのが2015年から始めた中国四国身体障害者水泳連盟の活動。大会や合宿を主催したり、連盟本部と選手のパイプ役になったり。外の世界と繋がり、本業以外の目標を持つことは、これまでの仕事に対する取り組みや考え方を俯瞰する機会となった。日々のモチベーションも違う。それ以上に、誰かのための活動が自分の成長になると気づかされた。

今後、働き方はますます多様化が進み、複数の経歴を持つ「パラレルキャリア」が当たり前の時代がやってくる。自分にしかできないキャリアを増やすことは、視野を広げるとともに、本業への好影響はもちろん、人生そのものが豊かになるだろう。

私の今の夢は、広島からパラリンピック選手を輩出すること。新たな夢への挑戦が、次の世代に繋がる大きな波になることと信じたい。

連盟主催の合宿にて（筆者は後列右端）

3　本業にゆるくつながる

「やってみたい」から始まる緩い掛け算

静岡県　石川晴子《いしかわはるこ》

2009年4月から静岡県の林業職員。普段はヘルメットとポールで山を駆けています。プラベートも林業のことを考えてばかりです。

始まりは林業女子会

大学院を卒業してから、民間の製紙会社に勤め、商品開発部として大人用紙おむつや女性用品を開発してきた。どうすればより良い商品を消費者に届けられるのか、いかに消費者の生活を良くするか、それればかり考えて寝る間も惜しんで働いた記憶がある。そこから一転、間伐材から土砂災害まで幅広く「林業」で括られた世界に飛び込んだ。２００９年4月のことである。

基本的に「やってみたい」「面白そう」と思ったら一歩を踏み出してしまう。

２０１０年12月、京都で「林業女子会」というものができたと聞いた。それまで私が知っていた林業の団体は「休日にチェンソーを持って間伐をする」ようなものが多く、鈍臭い私には不向きだなと思っていたが、「女子会」というなんともゆるい響きが心地よく、「これなら私でもできそう」と身を乗り出した。２０１１年6月に「林業女子会@静岡」を立ち上げる。林業女子会@静岡にはさまざまな人が参加し、県職員2名のほかは主婦や林業には本当に関係のない企業で働く人、学生もいた（学生は年月を経て社会人になった）。「この木目かわいいね」「ヘルメットをデコろう」など、林業の可愛らしさや楽しさを語る女性たちによる「ゆるいツナガリ」ができ、さまざまなイベントを行った。木の箸作りはもちろん、スプーン作りや鹿の皮を使ったアクセサリ、椅子作りのワークショップも開催した。山で木を伐るところから家ができるまでを一気にたどる「弾丸ツアー」も好評だった。

こうした活動は、堅いことを言えば、「林業なんて考えたこともなかった人たちに森林の現状や課題を伝える」場になる。私も当初はそれを目的としていたように思う。しかし今は、「「好き」をシェアする場をつくること」が最も重要だと考えている。「女子会」という響きのとおり、自分たちの「好き」を楽しく話せる場を作ることで「ゆるいツナガリ」は長続きする。その証拠に、林業女子会@静岡は発信は少なくなったが今も少しずつ活動していて、私の活動の原点になっている。

出会いを広げる

林業女子会@静岡を立ち上げてからはアンテナがぐっと高くなり、仕事以外でどんどん視察、異業種交流会や研修にでかけた。「人脈をひろげたい」という意識はなく、やはり「やってみたい」「面白そう」が始めの一歩であった。

2012年には静岡市主催の「まちづくり人材養成塾」に参加し、社会課題に挑戦する先輩や仲間を得ることができた。地域には、県や市町村行政でも解決できない話がゴロゴロあって、社会起業家の

「これはおかしい」という想いや情熱がさまざまな事業につながっていることを知った。この人材養成塾で出会った仲間たちは、各自が見つけた社会課題に対し、真摯な姿勢で活動を続けている。私の誇れる友人たちである。

2013年から毎年、静岡県建築士会主催の「しずおか木造塾」という研修に参加している。ここでは林業の枠を越えて建築という分野に触れるきっかけとなった。2013年からは県産材利用の部署に配属になり、「県産材を使うことを促進する」ことが仕事になっていたので、木造を学ぶ県内の建築士のみなさんと交流するのは本当に勉強になった。また、この研修に参加したおかげで地域の木材と建築士さんを繋げることもできた。建築への気持ちは通信制大学への進学に昇華し、2019年にやっと卒業することができた。今は2級建築士を目指して勉強中の身である。

林業とまったく関係のない部署に配属になった時もあった。そこでは仕事で初めて「まちづくり」や「地域コミュニティ」に触れたが、それでもやはり「これは楽しいことが起こりそうだ」と思った方法で進めたのは同じである。人材養成塾で出会った先輩に教えてもらったことを仕事に活かそうとしたり、県外の先進事例を視察して取り入れようとしたり、県として何をすべきかを常に考え、市町職員と一緒になってどうやって地域を考えるかということを力一杯やらせてもらった。県外の人や林業以外の出会いが一気に広がり、自分の新しい強みをつくることができた時期だったと思う。

仕事とプライベートが交ざりながら四方にできたツナガリは、予想以上に大きくなったような気がしている。その時の仕事に必要だと思うことと個人的な好奇心は似ているし、その境目は曖昧なので、「石川さんは熱心ですね」と言われることもある。でもそれは少し違っていて、結局のところ「楽しい」「やってみたい」が勝ってきたと思っている。だから広く少しずつ知っていることが多くなって、中途半端な観も否めない。

でもまあ、そんな職員が1人くらいいても良いとも思う。林業を専門としていて、木材を使ったイベントが得意で、建築を少し理解できて、地域コミュニティの事例もちょっとだけ知っている……そんな「ゆるい掛け算」のできる県職員はそんなにいないのではないかと思うのである。

林業女子会のワークショップで作る予定の椅子をかぶる筆者

今後は、この「掛け算の項目」を増やすだけでなく深くすることも頑張りたいし、掛け算から生まれるニッチな分野の仕事にもチャレンジしたい。そのためには仲間が欲しいし体力も3倍くらいにしないといけない。「ゆるいツナガリ」から始まった掛け算を、これから10年でさらに大きくしていきたいと思っている。

スイーツ部は止まらない！
―「好き」が地域の役に立つ

岐阜県関市

関市役所スイーツ部《せきしやくしょすいーつぶ》

2012年3月に誕生した関市役所スイーツ部。「頼まれごとは笑顔でYES！」の精神で、楽しく、甘〜く、ゆる〜〜く活動を続けている。現在、部員24人。

スイーツ部、うまれる

2012年3月、とある料理実習室。関市役所の2大パティシエのもとへ無類のスイーツマニアたちが集まりました。その日から、毎月1回のスイーツ教室が始まりました。非公式の教室にも関わらず、口コミでメンバーは増えていき、気づけば30人余りのスイーツマニア達が、勝手気ままにスイーツ作りを楽しむようになっていました。こうして、関市役所スイーツ部は誕生しました。

そんな2012年の年末、突然大きなミッションが……。関市東部の特産品、パッションフルーツ、ゆず、しいたけを使った「津保谷《つぼだに》・料理&スイーツコンテスト」参加のお誘いでした。楽しいことが大好きな私たちはすぐに参加を決め、研究を始めました。すると、地域の現状についても見えてきたのです。2005年2月、市町村合併した関市。旧武儀《むぎ》郡地域は、若い世代の流出により高齢化・過疎化が進むなか、住民自らが地域資源を活用したまちおこしに取り組んでいることを知りました。最初は気軽に参加を決めた私たち。でも……「地域を元気にするお手伝いがしたい！」と、気持ちも新たに臨んだコンテスト。「パッション大福」がグランプリを受賞！そして、スイーツ部に芽生えたパッション！

スイーツ部、はじける

その後も「スイーツを通した地域の活性化」がテーマの地域イベントには、積極的に参加しました。関市西部の「キウイフルーツ」、関市東部の「玉みそ」という特産品を使ったスイーツコンテストなどにも参加し、地域のなかで少しずつスイーツ部の名前が知られるようになりました。そうした、地域への思いを持った取り組みが認められ「地域に飛び出す公務員アウォード２０１４」の受賞につながりました。この受賞で調子に乗ったスイーツ部は、地元洋菓子店とのコラボに挑み、このとき誕生したチョコレートは、東京での関市観光物産展や地元でバレンタインチョコとして販売しました。こうした取り組みは、ＮＨＫや、地元民放の番組への出演や新聞記事にもつながり、スイーツ部の知名度はさらにアップ！スイーツ部バブルに乗って部員の仕事へのモチベーションもアップ！活動中の部員同士の何気ない会話のなかから、お互いの事業の共通点を見つけ、家庭教育学級と男女共同参画セミナーがコラボした親子料理教室へと発展したのです。もちろん講師は、スイーツ部員がつとめました！

地域に飛び出す公務員アウォード 2014

スイーツ部、波にのる

スイーツ部は市役所内でも認知されるようになり、新たなミッションが舞い込むようになりました。それは、市のイベントでのスイーツの提供です。たとえば春は東地域、秋は西地域で開催されるサイクルツーリング。２０１３年にスタートした、自然のなかをのんびり走る人気イベントです。その沿道で提供するおもてなし特産品メニューに、オリジナルスイーツで参加してほしい、と依頼されたのです。６００人を超える参加者やスタッフに配布するオリジナルスイーツ、という前代未聞のミッションに、私たちは頭を悩ませました。しかし結果生まれた「キウイ水まんじゅう」は参加者に大好評！その後も毎回依頼され、５年間で実に６種類のメニューを提供してきました。最近では常連の参加者からスイーツの感想をもらったり、ＳＮＳで紹介していただいたりもします。当日までの準備は大変ですが、参加者の笑顔を見ると、作ってよかった、と思い、次は何にしようか？と計画を始めるのが、恒例になってきました。

これ以外にも、ラグビーＷ杯南アフリカ代表事前キャンプを盛り上げるイベントのラグビーくまビスケットや、市の記念行事での配布スイーツなど、さまざまな依頼がやってきます。そのたびに、これこそが私たちの使命！と奮起して、スイーツ作りに取り組んでいます。こうした活動が、ただ楽しんで作り始めた私たちにとって、今やライフワークとなっているのです。

スイーツ部、とまらない

知らず知らずのうちに、気づけば8年の歳月が過ぎていました。積み重ねた時間とキャリアは、部員それぞれの仕事の責任や負担を大きくもしてきました。イベントへの参加を計画するなかで、仕事に追われて作り手が少なく、大量生産をキツく感じることもあります。それでも活動を続けていられるのは、ゆるい活動スタンスや、楽しい雰囲気、あたたかく包容力のあるチームと仲間のおかげです。スイーツ部には、個性豊かだけどぶつからない人たち、楽しむときは全力で楽しめる人たち、ピンチを笑いにかえられる人たちが集まっています。個性あるメンバーが、それぞれの特技や好きなことを活かし、支え合い、補い合いながら続けてきた活動。この先スイーツ部に新たな個性が加わることも楽しみです。

今、関市では「本町ＢＡＳＥ」というまちづくりプロジェクトが進行中です。中心市街地にシェアキッチン、チャレンジショップをつくり、まちににぎわいを生み出すという計画です。こうした、食べ物にかかわるプロジェクトに、私たちスイーツ部も何か参加できないか、ワクワクしながら企んでいます。そしてこれからも、気負うことなく、楽しみながら続けていくスイーツ部。私たちは、キラキラきれいなスイーツを作るのではなく、多少形がわるくても、味のあるスイーツを、関市のことを思いながら作り続けていきたい！　Don't Stop SWEETS Now!

ラグビーくまビスケット

30

小さな出会いが重なってNPO活動に

元鳥取県日吉津村
前田《まえた》昇《のぼる》

1958年生まれ、大学卒業後、日吉津村役場入庁。総務課・企画課・教育委員会・住民課など勤務し、2018年定年退職。2019年より村議会議員。

青年団が地域への登竜門となって

鳥取県日吉津村《ひえづそん》は、県西部の米子市に囲まれながら、明治以降一度も合併することなく、2020年に130周年を迎えました。人口約3500人、面積4・16㎢という小さな村の存続を可能にしたのは、1952年パルプ工場の誘致により財源に恵まれたてきたからです。現在はかつてほど財源が豊かではないものの、交通の要衝に位置し大型ショッピングセンターもあり、人口増が続いています。

私たち地方の役場職員は、仕事を通じ、また日常生活においても、地域とのかかわりは濃密です。私は役場に入ってまもなく、青年団に誘われ県の代表も務めたので、日夜県下を訪ね歩き、「役所を飛び出す」きっかけとなりました。地元では祭りやイベントを主催する一方で、アフリカ飢餓救援募金やウィーン音楽大学合唱団のホームステイ公演誘致など、村外へ目を向ける活動に取り組みました。

二つのＮＰＯ――「本の学校」と「むきばんだ応援団」

さまざまな活動を通じて広がった人脈は、私を地域の枠を超えた活動へと導きました。

その一つは、地域の出版文化を広げ、知の地域づくりをめざす「本の学校」です。これは、山陰両県をシェアにもつ今井書店のメセナ活動として始まったものですが、私は１９９５年の設立時から参画し、現在認定ＮＰＯの副理事長を務めています。情報が氾濫する現代社会において、書店や図書館、出版など知のインフラと人材育成の重要性は増しているという問題意識にたって、毎年東京でのシンポジウムを開催するなど、全国に発信する活動をしています（https://www.honnogakko.or.jp）。

むきばんだ応援団・2018年「サントリー地域文化賞」を受賞（筆者：前列右から2番目）

今一つは、米子市（旧淀江町）と大山町にまたがる弥生の大集落「妻木晩田《むきばんだ》遺跡」の保存・活用を応援する「むきばんだ応援団」です。この地域に貴重な歴史はないと思い込んでいたら、遺跡の発見によって、２０００年前から国のかたちをもった大集落が存在し、対岸地域と交易をしていたことを知り、ふるさとの誇りを見つけた思いで、応援団の事務局長を引き受けました。20周年を過ぎて、２０２０年にスタートしたのがＷｅｂサイト「全国子ども考古学教室」（http://kids-kouko.com）です。全都道府県から各地の自慢の遺跡の紹介をいただき、小学校6年生からの歴史学習に活かせる内容に仕上げています。

公務員がNPO活動へ参加することへの誤解

この二つのNPOは、地域の可能性を広げる活動であり、そこに公務員の私が参加したことにより、活動の幅を広げた面もあったと自負してきましたが、誤解を受けたこともありました。

本の学校の運動は、当初、書店の営業活動だと見る向きも多く、公務員が民間会社の仕事を手伝うのはいかがなものかと囁かれました。

妻木晩田遺跡は、県がリゾート開発の一つとして計画したゴルフ場の事前調査によって発見されたもので、保存運動が立ち上がるなか、保存をするかしないか、県政の大きな課題となりました。最終的には、当時の県知事の英断によって保存が決定しました。私自身は保存運動をリードした訳ではなく、保存されたら遺跡の活用を市民も応援しようという「応援団」の主旨に賛同して活動に参加したのですが、「公務員であるお前が、そんな運動に参加して大丈夫か」と忠告を受けたりしました。

合併についての住民投票と地元での活動

平成の合併検討の際、村の担当となりました。米子市に囲まれ、経済的にも一体となっている村の将来をどうするか、最終判断は住民投票と定めて、ワークショップや地元説明会など精力的に展開しました。2003年、18歳以上、定住外国人を含めた住民投票（投票率78％）の結果、「単独存続」賛成が多数となり、議会で単独存続が決定されました。その後、小さな村の将来を村民参画によって発展させていこうと、各地域の「コミュニティ計画づくり」を提案、役場職員を3人一組にして各地の「支援スタッフ」に位置づけ、地域へ出かけるシステムを模索しました。現在も継続されています。さらに、村と村民による協働と合意のシステムが必要だと考え、約2年間の検討を経て自治基本条例を制定しました。

この頃、個人として村を元気づけようと、PTA有志によるおやじの会、日吉津「なまはげの会」を結成し、オリジナル曲をつくって演奏したり、子どもや親子を対象にしたイベントを開催しました。

出会いが重なる──小さくても輝く村づくり

農家の長男として生まれた私は、思春期の頃、しきたりやしがらみが強い地元に嫌悪感すら感じていました。気ままに都会での大学生活を過ごした後、腰掛けのような思いで役場に就職したのが実態でした。ところが、いろいろな出会いが重なり、1人の思いから発した活動がその実現にむけて広がっていく場面を数々体験したことで、還暦を過ぎた今日までどっぷりと地域の活動に浸かってきました。

「鳥取県の人脈は密に繋がっている」と県外の方から評されます。「人が少ないから一蓮托生なんです」と応えていますが、顔が見える関係でこそ、発想すらしなかった活動に出会い、自分の暮らしに厚みや深みが増したと感じています。小さな役場は一人何役もつとめなければなりません。複雑な課題に対応するためには、一人でも多くの味方をつくりたいものです。「小さくても輝く、小さいからこそ温かい村づくり」が私のスローガンです。

ライフワークとして「ふるさと」にかかわる

農林水産省　長野麻子《ながのあさこ》

1971年愛知県安城市生まれ、1994年農林水産省入省。NPOものづくり生命文明機構常任幹事、日本雨女雨男協会会長。

愛知県安城市で生まれ、電車通学に憧れて岡崎高校に入学し、テレビでみた東京と一人暮らしに憧れて東京の大学に進んだ。大学4年間は陸上部で汗を流し、バブル崩壊後の就職氷河期のなか、試験に受かれば就職できると公務員試験を受け、農林水産省に入省した。採用面接時にふるさとの名前を答えたら「よいところのお生まれですね」と言ってもらったのが入省の決め手だった。

フランスで日本を考える

鼻にかかったフランス語の語感と世界一と評されるフランス料理に憧れてパリに留学する機会を得た。フランスでは、神が人間のために自然を作ったというキリスト教の聖書の教えから、人間は自然の管理者であり、人と自然の境界線が明確に引かれていた。地震や台風に古くから見舞われてきた日本は、自然の前に人間は無力であり、里山や「山川草木悉皆成仏」の言葉に表されるように、自然の循環の中で人生を紡いできた。フレンチの有名シェフも定期的に来日して季節の自然素材を生かした日本料理を学ぶという。人間の活動に起因するといわれる温暖化が顕著になった今、人間は自然の一部であり、自然とともに共生していくという日本的な価値観を体現していくことが、美しい地球を次世代に残していくことに貢献できるのではないだろうか。

東京で地域を考える

また、農業国フランスでは、新鮮な農産物が市場（マルシェ）で販売され、葡萄の育った土地で差別化された名産ワインがあり、地域と都会が食で結ばれ、土地に根差した食文化が育まれていた。

このフランスの体験を基に、距離が遠くなってしまっていた生産者と消費者のつながりを取り戻すチャレンジを銀座で始めた。「あなたの『おいしい』が日本の地域と食を元気にします」というキーワードで人と自然の共生を考える「ファーム・エイド銀座」を手伝った。このイベントでは、銀座のビルの屋上でミツバチを飼っているNPO法人銀座ミツバチプロジェクトが中心となり、「お米」や「夏野菜」といった各回のテーマに沿ったシンポジウムとともに、農家が銀座にやってきて農産物や特産品を販売する「プチ・マルシェ」を開催した。地域の頑張っている人や広く知られていない産品がもつストーリーを都会の人に直接伝えることで、食を通じて都会と地域のつながりを再確認し、お互いに支え合う新たな関係を構築したいと考えていた。その後、このマルシェは政策的にも後押しされ、各地に広がった。今ではインターネット上で消費者と生産者が交流して、直接販売できるサービスが増えている。

農林水産業が展開される現場の実態を知らずして政策の企画や課題解決はできない。昭和の時代は、霞ヶ関にいても規制に伴い一定の現場情報を収集することができていたが、規制緩和が進んだ平成の時代には、東京ではタイムリーな現場の声を聴くことは難しくなり、当時総務省にいた高校の先輩に誘われて「地域に飛び出す公務員」の会合に参加するようになった。役所の人事サイクルは、通常は1〜2年で、希望どおりにはいかない人事異動のなかで与えられたポストで課題と向き合っていくしかない。新しい仕組みを仕掛けた矢先に異動となるケースも多く、完遂できない中途半端感を申し訳なく思っていた。与えられた仕事に加えて地域に飛び出す公務員の皆さんの活動は、ライフワークとして地域に関わり続ければよいという至極シンプルな考え方を私に与えてくれた。

地域のことは地域で考える

先進国の首脳が洞爺湖に集まるG8サミットに対抗して、十勝に全国から200名を超える志民が集まり、ローカルサミットが開催された。「人類・命・地球が直面する危機は、グローバル資本主義に起因するところがあり、国家間の調整・協議のみでは解決できない」ことを確認し、忘れかけている地域の仕組みに解決の糸口をみつけ、その土地ならではの場所文化を甦らせようという集まりだ。私は10年間参加した。十勝に続き、松山・宇和島、小田原、南砺、阿久根、高崎・南相馬、高野山、酒田・庄内、倉敷、東近江と、開催地がそれぞれのやり方で企画する年1回のサミットでは、地域の熱い志民との対話を通じて、新しい気づきや学び、その後の自らの活動への活力をもらえ、各地にご縁と素敵な仲間ができた。対話のなかから学んだのは、人と自然、人と人との「つながり」を取り戻すこと、誰かの作ったシステムに従う生き方から、自ら生きる場を創っていく生き方に変えていくこと、道具にすぎないお金に振り回されない未来を創っていくこと、日本中の各地域が、それぞれの場所文化に根差した将来像を描き、自らの手でそれを実現させていくことが急務だということである。折しも２０２０年は新型コロナウイルス感染症が世界的に広まり、集中し過ぎた都市の限界や、密になることで効率化していた巨大システムの綻びを露わにし、これまでの生き方や価値観の転換を迫っている。もうすぐ50歳を迎える私に残された時間は限られ、やるべきことを実行に移していかなければと実感している。

現在から未来を考える

小学校唱歌の「ふるさと」は、遠く離れてふるさとを想うことを美徳とし、田舎から都会に労働力を集めた。農山漁村を基盤にした分散型社会から、都市に経済力が集中した中央集権型社会へ転換し、日本は高度成長を遂げた。その当たり前の代償として、ふるさとは人口減少が止まらず、美しかった森や里は荒れ、都市ではお金に振り回される人生を送っている。地域の現場で聞く「誰かやってくれる人がいれば」との声に、いつも後ろめたくもどかしい思いをしていた。フランスで感じた、自然と共生する日本的価値観が持続可能な社会に貢献できるという思いを実践に移していきたい。地域に飛び出す公務員諸氏の活躍やローカルサミットでの志民との対話で学んだ、持続可能な地域の将来像を考え、自らの手で実践していくことに残りの人生をかけようと思う。コロナウイルスに生き方の転換を迫られた今、未来に向けて、「ふるさと」を引き受ける、そんな気持ちが沸き上がっている。

テレワークを活用したひきこもり支援
――人々に居場所と出番をつくる

群馬県太田市　大橋志帆《おおはししほ》

1993年太田市役所入庁。勤続20年目の2012年に地域活動をスタート。活動テーマは「NPO活動支援・テレワーク推進」。

目の前で困っているNPO法人スタッフを助けたい

2010年、私は国民健康保険課に在籍していた。全国統一のシステムが導入されたことにより、大量のデータ入力が発生。私はNPO法人への業務委託を提案した。そのNPO法人には、太田市で実施した「ひとり親家庭等在宅就業支援事業」でITスキルを身につけた市民が会員登録されている。業務委託という形で行政が働く場を提供することによって、市民の自立に寄与できるのだ。

2012年、私は別の部署に異動した。3か月たったある日、庁舎内でNPO法人スタッフと遭遇した。近況を聞いてみると、どうも行政とNPO法人の間で行き違いが生じている様子。「なぜこんなことになるのでしょう。この先、もう何も良いことはありません……」目の前でNPO法人スタッフが絶望しかけている様子は、とてもショックだった。

「私はもう異動した身なので……」と逃げるのは嫌だった。今ここで、私はどんな言葉をかけるべきか。

さまざまな思いが頭の中をぐるぐると駆け巡った。そして、私の口から出たのは「どうしたらいいか、私も一緒に考えますから。元気を出してください」という言葉だった。その時の私の目には、NPO法人スタッフの向こうに市民の姿が見えていた。在宅就業訓練を受ければ、自分も自立できる、現状を改善できる、そう思って市の事業に賭けたのだ。その市民を失望させてはいけないと思った。

NPO活動について詳しく学ぶため、土日や有給休暇を利用してセミナーに自費参加した。この時に初めて自分の名刺を作った。本業では名刺の必要性を感じていなかったが、地域活動では自分が何者なのか、どんな活動をしているのかを明らかにする必要があると考えた。その後、名刺に自分の思いや地域活動での肩書を随時追加していったところ、今では1枚に収まりきらないほどになっている。

『地域に飛び出す公務員ハンドブック』との出会い

地域活動を始めて1年たった時に、自分がやっていることを端的に表現できる言葉がほしいと思った。公務員には公平公正が求められる。特定のNPOを応援することは問題ないのだろうか？私の心の中にモヤモヤした疑問や不安が浮かんできた。インターネット上で『地域に飛び出す公務員ハンドブック』（椎川忍著、今井書店、2012）を発見した。そのネーミングに強く惹かれ、早速この本を購入、あっという間に読了した。「私がやろうとしていることは、まさにこれだ!すでに公務員の地域活動が推奨されているのだから、何も心配する必要はない！」。この本は、私の背中を力強く押してくれた。

「テレワーク推進」は私の代名詞

２０１３年４月、「地域に飛び出す公務員ネットワーク」にメンバー登録。さっそく自己紹介の投稿をすると、全国の公務員有志から激励のメッセージが寄せられた。地域活動をしている公務員の存在は、さらに私を勇気づけた。自分とは違う視点を持つ人達との交流は、私にとっての財産だ。

この頃から、私は地域活動テーマに「テレワーク推進」を追加した。私が応援しているＮＰＯ法人は、テレワークの一種・在宅就業支援の活動をしている。テレワークという働き方が普及すれば、今まで働けなかった人が働けるようになる。出産、育児、介護、病気、転勤などのライフイベントに左右されずに働くことができる。対面のコミュニケーションが苦手な人でも、テレワークで社会と繋がることができれば、孤独ではなくなる。そして自己有用感や自己肯定感が持てるようになれば、一歩踏み出す力がわいてくるだろう。そんな思いを「地域に飛び出す公務員ネットワーク」で発信し続けた。「テレワーク推進」は、いつしか私の代名詞になっていた。

「居場所と出番」

２０１８年、大阪のＮＰＯ法人で活動する友人から、校正ができる人財を育ててほしいとの提案があった。市役所の先輩達が私を育ててくれたように、私は地域の人財を育てたい。そう考えて、テレワークを活用したひきこもり支援「文書編集チーム」の活動をスタートした。これまでに取り組んだのは、文章校正、インタビュー記事編集、テレワークに関するブログの編集、シンポジウム文字起こしなど。東京大学公共政策大学院主催のアイデアコンテストに応募して、全国3位の成績を収めることもできた。チーム内にはひきこもり経験者が2人いる。過去のことを根掘り葉掘り聞き出すことはしない。安心安全な場をつくり、お互いの考えを尊重しながら、一緒に学ぶこと、経験を増やすことを重視している。最近嬉しかったのは、周囲の方々から「2人の表情が明るくなったね」「顔つきが引き締まってきたよ」と言われるようになったことだ。協働作業に取り組むことで、自己有用感や自己肯定感を持てるようになったのだろう。その2人にとって、文書編集チームは、初めてできた「仲間」なのかもしれない。私もこの活動を通して、人として大事なことは何なのかを学ばせてもらっている。

人は誰でも平等に、幸せになる権利がある。ところが、育った環境、学校生活、職場の人間関係など、ちょっとしたボタンの掛け違いから、その後の人生が変わってしまうことがある。人生に絶望して、本来の能力を発揮できないのはもったいない。せっかくこの世に生を受けたのだから、自分の「居場所と出番」を見出してほしい。そうすることで、人は一歩踏み出すことができる。大切なのは、自分自身で選択すること。私はこれからも、そのためのお手伝いを続けていく。

ブログ「鶴舞う形のぐんまから telework」

33

どこまでが仕事で、どこからが遊びか!?

元島根県吉賀町　吉中力《よしなかちから》

1952年生まれ。企画課や教育委員会に所属。2013年に退職。自遊人を気取った田舎自慢を楽しんでいる。高津川清流ネットワーク代表他。

「ウルトラセブンより強い綺羅星セブン」。

机の後ろのひときわ目立つ分厚いファイルを目にした人はきっと、感じただろう。「こいつ変な役場員？」……平成の大合併を前にした1市1村5町で構成する益田広域市町村圏「綺羅星7委員会」のメンバーはオラが町や村をこよなく愛する個性派ぞろい。六日市町の企画担当として参加していた。若さを武器に突っ走った30代から40代。何をしでかすかわからない？フォッサ？マグナ。当時の職名は課長補佐である。県西部の市町村に足繁く通い石見《いわみ》人の心をガッチリ掴んだ県庁マンとの出会い。地域づくりを酒の肴に、膝を突き合わせて酌み交わす夜なべ談議は延々と続いたものである。県と市町村の垣根を飛び超えた熱い仲間意識を醸成。あんなに遠かった県庁が身近に感じられるようになった。市町村振興室長の義光っあんを始めとしたスタッフとの交流は退職後の今も親しく続いている。あの頃、現場至上主義も学んだ。「出雲・隠岐・石見」の日を提唱。八面六臂の活躍で県内を走り回る椎川島根県総務部長（現地域活性化センター理事長）を囲んだ異業種間交流は貴重な財産となっている。若き女性リーダーたちは、およそ官僚らしからぬ？椎川ファンであった。

「公務員って何だろう」。自省の念を込めて、37年間のはみだし公務員の軌跡を振り返ってみたい。保健福祉事業に関わった20代。現場に出て地域を知る。地域に顔を覚えてもらうことの重要性も学んだ。ごみ処理や斎場の管理、健康診断の呼びかけから生活保護に保育行政と守備範囲は広い。派手さはないものの、心をつなぎ生命を守る大切な業務である。世界を震撼するコロナ禍での医療従事者の想像を絶する激務を見れば解るだろう。普段の地道な積み重ねが大事である。仕事の相手はパソコンじゃない。こんな時代の今だからこそ、行政の住民目線が求められているのではないだろうか。事務的機械的な対応はNGである。10人対面すれば10通りの対応があるはず。「わざわざ来てくれたのかい？すまないねえ」。こんな労いの言葉も聞いた。電話一本で簡単に済まさない。直接会って伝えることも時には必要である。まずは地域に出てみよう。見慣れた街並みのなかに新しい出会いや意外な発見があるかもしれない。

下の子が保育園の頃、地元若者クラブの仲間たちに呼びかけて高津《たかつ》川の環境調査をした。天然記念物オヤニラミを載せた手作りマップが大当たり。図書館に展示されることになった。当時、水質汚染対策は流域の最重要課題であった。小学生を対象に始めた水辺の楽校や給食の廃油に冷やご飯と苛性ソーダを混ぜた環境にやさしい石鹸づくりが好評で、あちこちから講

町指定天然記念物オヤニラミ

師の声が掛かるようになった。80数種類の魚類棲息調査に名を借りた川遊びが環境教育の一環として業務で行えるようにもなった。楽しくなければ仕事じゃない。嫌々やっても、納得のいく仕事なんかできないことを実感した。新聞での紹介に始まったTVやラジオ番組の出演や、『現代農業』や新聞の連載エッセイが始まったのもその頃である。30年後の今、水質日本一に七度も輝く高津川での魚類調査は「ガサガサ」と呼ばれる人気メニューに成長。流域の小中高生から首都圏の大学生へと対象は広がっている。「六日市町　吉中魚酔先生様」……ペンネームで届いた県庁幹部からの暑中見舞いが懐かしい。特技は「ふるさとの自慢話」。ほら話が聞きたいと、お座敷の声が掛かる珍現象は今も続いている。

　川で生まれた山女魚《やまめ》には一生を川で過ごす個体と、いったん海に下り再び生まれた川に戻ってくる降海型がいる。後者をサクラマスと呼ぶ。ふるさとの美しい原風景や豊かな自然のなかで過ごした子ども時代の楽しい思い出はUターンを考えるときの貴重な判断材料となるだろう。「いつの日かふるさとに帰っておいで」……「サクラマス大作戦」と名づけた。好きなことをやり続けたその延長線上にはきっと何かが

高津川のガサガサ

待っている。住んで楽しい町。ふるさとを元気にしたかった。どこまでが仕事で、どこから遊びなのか自分でも分からない。趣味で始めた燻製づくりは公民館行事「魚酔の燻製講座」として続いている。映画館のない町で復活した「僕たちの映画館」。錦織良成映画監督も駆けつけてくれた。地元出身デザイナーを招聘してのファッションショー「着て観ん彩」や初めて取り組んだミュージカルに町中が湧いた。山頂で開催した「恋路山お見合いパーティ」では数少ない婚活女子を県外男性にさらわれてしまった。

力強い太鼓のリズムに合わせて火を吐き暴れ狂う大蛇を担いだ裸若衆が、千年杉のかたわらの「大蛇ヶ池」に飛び込む勇壮にして壮大なシーン。途絶えていた雨乞い神事が「水源祭り」に名を改め、53年ぶりに復活した。これも、1年に及ぶ地元若杉会との打ち合わせにかこつけたノミュニケーションの賜物であろう。一緒に汗をかくこと。イベントは心を一つにするきっかけになる。「1円5円は弱いが、5億10億なら滅法強い」……温泉開発プロジェクトを任された時の財政主任の言葉は素直に「誉め言葉」と受け止めたい。「体力・酒力・歌唱力」。リーダー養成塾第10期生時代、当時の森塾長から教わったリーダーの条件である。7文字に込められたその奥深い意味。今も継続実践中である。先に文化勲章を受章された故郷の大先輩、彫刻家の澄川喜一先生曰く「人間は60歳過ぎたらお礼奉公なんだよ」。小さな一歩から。少しでも、地域社会にご恩返しができればと、そんな日々を過ごしている。

34

山歩きと地域SNSで広がる仲間の輪

自治大学校客員教授 牧《まき》慎《しん》太《た》郎《ろう》

1964年生まれ。1986年自治省入省。総務省で情報政策や地域振興を担当したほか、奈良県、北九州市、島根県、北海道、兵庫県、熊本市に勤務。日本山岳会会員。

赴任地の百名山に登る

県庁の課長席に座っているだけでは地域の実情は分からない。県内各地に足を運び、地元の皆さんと山の奥まで隈なく歩いてみよう。そう考えてまずは島根県の市町村数59（当時）より一つ多い60座を目標に山々に登り始めたが、うちにもこんないい山があると各地から情報が寄せられ、3年間でとうとう県内百座を踏破することになった。東西200㎞に及ぶ細長い県でおそらく史上初の快挙として新聞記事に掲載され、1998年3月にはインターネットにも登った島根百山のリストを公開した。

北海道でも勤務した3年間で北海道百名山をはじめ150座近い道内の山に登り、212市町村すべてを回ったが、1999年12月に設立された北海道の山メーリングリスト（HYML）に参加したことで山仲間の輪が広がった。札幌岳から空沼岳まで縦走した時、繁茂するササに悪戦苦闘し、このままでは廃道になってしまうとHYMLに投稿したところ約40人の山仲間が協力を申し出てくれ、荒廃した7

㎞の縦走路のササ刈りが実現した。避難小屋周辺の汚物やティッシュが美しい景観や環境を害していたので、ＨＹＭＬの仲間と携帯トイレの携行やティッシュ等の持ち帰りを促す啓発活動を行ったほか、雪山ハイキングのガイドブックも共同執筆して出版した。北海道では市町村長のほか自民党から民主党、公明党、共産党まで会派を超えた道議会議員とも一緒に山に登った。道議会山岳議員連盟の後押しにより、大雪山に太陽光発電のバイオトイレ設置も実現した。また、趣味のアウトドアで出会った多くの知人の協力を得て、山岳、自然、カヌー、ラフティング、トレイルライディングの5分野で、北海道独自の知事認定アウトドア資格制度を創設し、今では約４００人の認定ガイドが活躍している。

兵庫県では、山岳連盟や神戸新聞社とタイアップして私が4年間で登った１３０余の山のなかから「ふるさと兵庫百山」を選定して登山ガイドブックの出版につなげた。女性で初めてエベレストに登頂した田部井淳子さんをお呼びして山のシンポジウムを開催したところ、会場いっぱいの聴衆で大盛況だった。また、神戸市主催の六甲全山縦走大会（56㎞）のゴール地点である宝塚市では全国各地から訪れる数千人の完走者に何のおかまいもなかった。そうした状況を何とかしたいと宝塚商工会議所のメンバーに働きかけたところ、地元大学の学生も巻き込んで足湯と甘酒で完走者をもてなす「ホッとな宝塚市民の会」の取り組みとして実現し、もう10年以上続いている。そして、千ヶ峰

熊本県の矢筈岳にて九州百名山を完登

から笠形山まで20㎞の稜線を縦走する多可町仙人ハイクや兵庫県最高峰の氷ノ山に登る山の日制定記念登山大会もそれぞれ多可町長、養父市長に提案して実現した。人々が山に登ることは本人の心身の健康に良いだけでなく、道の駅や温泉施設の来客増などを通じて地域の活性化にもつながる。

北九州市と熊本市で通算5年間勤務した九州でも山仲間の輪を広げながら九州百名山の完登を果たすことができた。

自治省に入省してから、2020年7月に消防大学校長を最後に退官するまで、県境を越える15回の転勤を繰り返しながら地方創生に邁進してきたが、まさに霞ヶ関に囚われる忖度官僚とは対極の外輪山を歩くような公務員人生だった。全国各地の山仲間と交流を深めながら、日本三百名山も完登することができたが、同じ苦労を共にした仲間との親交は何年経っても時を超えて続くように感じる。

地域SNS仲間で被災地支援、無農薬農園、里山整備

総務省で情報通信政策局地方情報化推進室長、自治行政局情報政策企画官を歴任するなかで、地域社会への住民の参画を進めるために有効なツールとして着目したのがSNSである。行政と住民がネット上で対峙するのではなく、ICTを活用した住民どうしのつながりがソーシャルキャピタルを豊かにし、地域力を高めると考えた。兵庫県に赴任してから地域SNS「ひょこむ」の創設に参画したが、その会員数は今や6800人を超えている。2009年に22名の死者行方不明者が出た兵庫県西部豪雨災害では、地域SNSのネットワークで被災者の安否を確認し、写真や動画と位置情報付きで佐用町などの被

災状況をいち早く共有した。さらに、濁流で泥にまみれた家屋の復旧に古タオルが必要と分かり、全国のSNS仲間に呼びかけて4日間で2万枚を超える古タオルを集め、浸水被害のあった家屋でボランティアの皆さんに使っていただいた。東日本大震災でも津波の被害にあった山武市にその時に備蓄していた古タオルを送り、地域SNS「モリオネット」が被災地の子ども達に配る学用品を全国約20の地域SNSが連携して集荷しながらトラックを乗り継ぐ村つぎリレー方式で盛岡まで届けた。

また「ひょこむ」の仲間たちとは不在地主の農地を活用して無農薬で野菜や果物を栽培し、収穫した食材を使ったオフ会で年2~3回は親睦を深めている。樹齢百年を超える山桜の巨木が林立する里山でお花見広場、ロープブランコ、姫路城を望む山頂までの散策路の整備、シイタケの原木栽培などにも取り組んでいる。「ひょこむ」には山の会もあり、毎年「山の日」には仲間たちと一緒に先述した氷ノ山登山大会に参加している。SNSでのつながりは、テーマの異なる複数のコミュニティに各メンバーがゆるく複層的に属することで人生を多彩で豊かにしてくれる。34年余りの公務員人生を終えた後も、趣味の登山や無農薬農園、里山活動などを通じて地域の皆さんとつながりを持ち続けることにより、これからも心豊かで活力ある地域づくりに貢献したいと思っている。

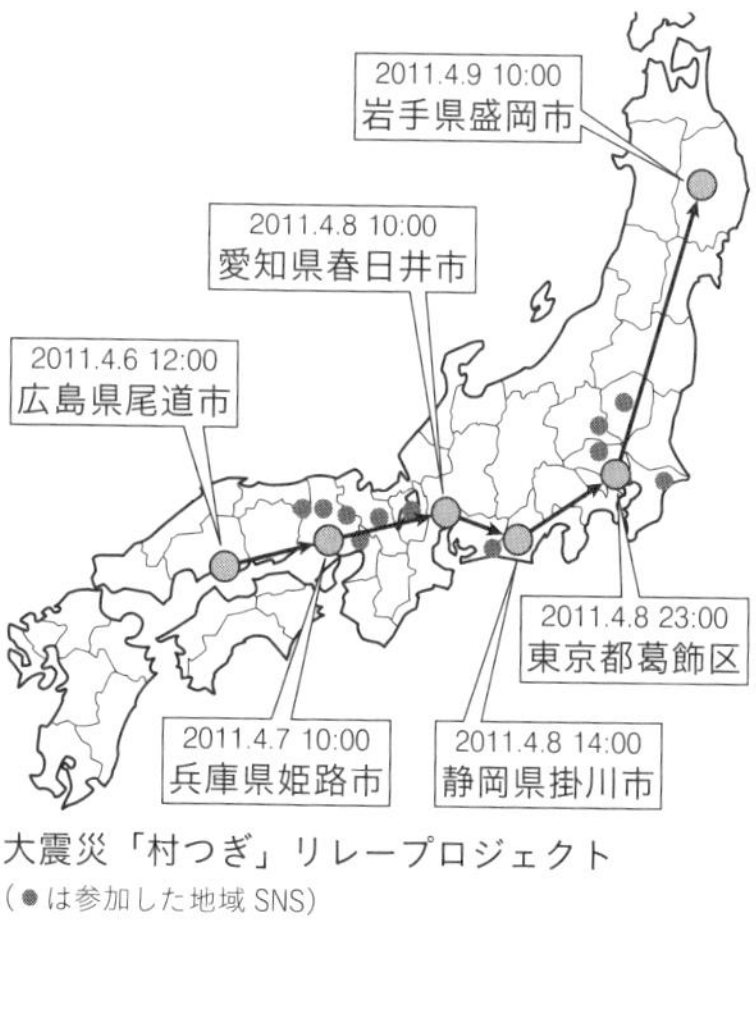

大震災「村つぎ」リレープロジェクト
（●は参加した地域SNS）

最後の拠り所となる形のないものを残す

鳥取県米子市　奥田晃巳《おくだあきみ》

1961年鳥取県淀江町生まれ。1985年武蔵大学経済学部卒業。1986年淀江町役場運転手採用。2005年米子市との一市一町合併。現在、米子市経済部文化観光局長。

私は3枚の名刺を持っている。1枚目は米子市経済部文化観光局長の名刺。2枚目は地元の伝統芸能「淀江《よどえ》さんこ節」保存会事務局長の名刺。3枚目は地域の郷土芸能の保存、継承を手助けしてハレの舞台を演出するNPO法人「プロデュース・ハレ」副理事長の名刺。この中で海外でも有効に通用する名刺は2枚目の名刺である。

米子市淀江町は鳥取県西部に位置し、古くから天然の良港に恵まれ、人や文化が行き交う地であった。淀江さんこ節は、幕末頃に北前船《きたまえぶね》の発達により九州方面から伝わった民謡が定着したもので、明治に入って港町での宴席で一大ブームを巻き起こした庶民のお座敷芸能である。三味線、太鼓、鉦の音に七七七五調の歌詞で、今もなお、古い調べを残している。軽快なテンポに合わせて、左官屋さんが土壁を塗り上げる情景をユーモラスに演ずる「壁塗りさんこ」、見る者に福をもたらすと言われ、お祝いの席には欠かせない「銭太鼓」、伝統工芸の淀江傘で踊る「傘踊り」がある。

淀江さんこ節保存会は、公民館活動の一環として結成して以来、その保存継承、普及啓発に努めている。現在、正会員は23名であるが、地元の小中学生、高校生など、指導している関係団体を含めると総勢１２０名になる。主に地域の夏祭り、敬老会、イベントなどに出演するほか、皆生《かいけ》温泉などにお泊りの県外や海外からのお客様のお座敷公演もあり、私自身の公演回数は30年間で１７００回を超えている。毎回、公演の２時間前には会場入りする。舞台準備、衣装の着付け、メイク、音合わせを行いながら、「公務員」から「芸能人」に変身する大切な時間である。「芸人は鼻が上を向いたらイケンぞ」と保存会の会長から言われる。芸人は芸を見てもらい、お客さんから拍手をもらう身分であって、お客さんより気分が上になっては、お客さんから見てもらえなくなるという教えである。

１９９３年から沖縄県読谷村との交流事業が始まり、祭り会場の舞台で踊った時に、一番前で見ていたおばあさんが終演後に近寄ってきて、方言で何やら話された。近くにいた役場の職員さんに何を言われたのか伺うと、「あんた、上手だねぇ。芸能はいいよぉ。芸能は人を殺さないからねぇ。芸能を大事にしなさいよぉ」と言われたそうだ。また、当時の教育長さんから、「オキナワは戦争で形あるものをすべて失った。残ったものはココにあるものだけ」と左胸に手を置かれ、「だから、それを大事にして、教育の柱にした」と言われた。

2011年ひたち秋祭り郷土芸能大祭「淀江さんこ節」

２０１１年春、東日本大震災では東北の多くの芸能団体が道具や衣装を津波で流され、多くの尊い命が奪われた。日本全国が自粛ムードになり、イベントや芸能公演が中止になった。私たち保存会は４月、沖縄県うるま市にある「小那覇舞天《おなはぶーてん》さん」の記念館を見に行った。終戦後の沖縄で収容所に入って悲しむ人々を毎晩、訪問して、唄と三線《さんしん》と笑いで人々を勇気づけた、「沖縄のチャップリン」と呼ばれた方である。「泣いてばかりいないで、自分たちが生き残ったことを喜びましょう。ヌチヌスージサビラ（命のお祝いをしましょう）」と歌って回られたそうだ。10月、私たち保存会と小中学生、高校生の総勢65名は、茨城県日立市で芸能復興のために開催された「ひたち秋祭り郷土芸能大祭」に招かれた。２年前に東京で行われた全国こども民俗芸能大会に出場した淀江さんこ節の子どもたちの舞台を見られた実行委員の方から、被災地に元気と笑顔を届けてほしいという依頼であった。形あるものがなくなり、残ったものは形のないもの。それは人々の心の拠りどころとなる伝統芸能であった。半年以上、イベントもなく、芸能公演を待ち望んでいた東北の皆さんが7千人も集まった。

２０１２年、ブラジル鳥取県人会60周年記念式典がサンパウロ市であり、私は市長の随行で現地に行った。仕事で行ったのだが、現地からは芸能の衣装と道具を持ってくるように言われ、祝賀会のプログラムに余興として入っていた。さらに、数年前に保存会の銭太鼓のビデオを現地に送っており、今回は直接指導をしてほしいという依頼であった。県人会とは言え、日系3世、4世の皆さんはポルトガル語が主流で日本語が話せない。２００名を超える出席者の皆さんに淀江さんこ節を理解していただき、喜んでもらえるのか不安であったが、市長と2人で踊ったことも幸いしたのか、大いに盛り上がり、米子市を強烈にアピールすることができた。仕事と芸能が結びついた瞬間であった。祝賀会の後、同じ会場で銭太鼓を子どもたちに指導する時間をいただいた。初めは30分間程度ということだったが、子どもたちの真剣な表情と市長からの了解もあり、終わってみれば、90分間にもなった。初めは片言の英語とジェスチャーだったが、途中からは普通に方言で教えていた。言葉や顔が違っても、自分たちは日本人であるというアイデンティティを芸能に求めているのだろうか。

私は淀江さんこ節を通して3千人以上の子どもたちに出会った。沖縄の祭り舞台に立ったダウン症の男の子とお母さん。被災地の日立市で7千人の前で踊った小学2年生。真剣な眼差しで銭太鼓の練習をしたブラジル日系4世の女の子。銭太鼓の一人舞台を演じた小学4年生の女の子。人から初めて拍手をもらって戸惑った高校生。全国大会の舞台そでで緊張から涙が止まらなかった高校生。私は30年掛けて、多くの子どもたちに出会い、指導しながら、子どもたちに教えられたように思う。そして、私自身が指導者に、芸能人に、大人にならせてもらったのかも知れない。演ずる者、見る者、すべてが笑顔になる。それが淀江さんこ節である。

古民家の掃除から始めたYATUGI

愛媛県大洲市　菊地《きくち》祐香《ゆか》

活動のきっかけは、愛媛県東京事務所に出向中に出会った1人の女性だった。彼女の話によると、大洲《おおず》市に相続した家があり、毎年家の管理のため、家族と大洲に帰っていたが、近年はご両親の介護もあり、家の管理ができていない。歴史も愛着もある家なのだが処分する方向で検討しているということだった。

後日、件の家を関係部署の職員何人かで見学させてもらった。家は、古民家が建ち並ぶ地区に位置し、製糸業を営んでいた立派な古民家だった。その場で良い解決策を見つけることはできなかったが、何人かの仲間で「掃除をさせてもらえませんか」とお願いした。それがNPO法人YATSUGIの活動の始まりだった。現在、その家は所有者のご好意でYATSUGIの事務所やイベント会場として使用させていただいており、今後、宿泊施設等に活用される予定だ。これ以降YATSUGIでは、同地区内の空き家になっている古民家を中心に、3年間で15棟を清掃し、毎年10回以上の清掃には延べ300人が参加した。古民家の所有者に話を聞き掃除することで、所有者も保存に前向きになり、イベントでの利用や事務所や店舗になる古民家も出てきている。

現在大洲市では、地域DMOやUターン者・移住者等が古民家を利用して宿泊施設や店舗として活用し、新たな動きが生まれている。私個人は、今後は古民家というモノだけでなく、大洲市内で活躍するヒトに注目する活動をしたいと考えている。

活動のきっかけになった家の前で

食で地域を元気に——NPOげんき大崎

和歌山県　西川展子《にしかわのぶこ》

私の住む海南市大崎地区は、海と山に囲まれた土地柄、豊かな食文化とひと昔前の地域コミュニティの良さが今もまだ残る集落である。しかし、過疎が進み、小学校も閉校となり「何もしなければ、いずれ限界集落」という危機感が現実味を帯びるなか、祖母や母から学んだ自家製食品づくりや、仕事で培ったスキルを活かして、ここでの豊かな暮らしを守り続けたいと思い、約8年前に住民有志で大崎地区の魅力発信と活性化に取り組むNPO「げんき大崎」に加わった。

常に活動の中心にあるのは地域の「食」。最初に手掛けたのは「食の体験クラブ」。特産品の養殖ワカメにスポットを当て、海から生ワカメを刈り取り、メカブやシャブシャブなど一株丸ごと「今、ここでしかできない、味わえない」メニューを実施すると、地区外から多くの人が地域を訪れ、地域に新たな交流機会を生み出せた。

さらに、漁協の遊休倉庫を市および国の支援事業を活用してリノベーションし、念願の食品加工や販売ができる活動拠点「げんき大崎館かざまち」を2015年2月にオープン。季節折々の新鮮な農水産品と大崎食材にこだわった手作りのお惣菜などを販売する朝市やランチ・カフェを自主運営している。ここができて、地元の料理上手なお母さん方が調理スタッフとして活躍するだけでなく、買い物や魚の納入など、さまざまな形で住民が気軽に地域の活動に関われるようになった。

「食べる」楽しみ、「美味しい」の感動は、老若男女みな同じ。年齢や性別にかかわらず皆が関われるし、食材がもつポテンシャルは無限大で、アイデアと行動次第でどんな方向にでも展開できる。

次の目標は、地域の食や文化の伝承を活動に取り入れ、暮らしの心地良さや価値を磨くことだ。お母さん方の知恵と技はまさに地域の宝物。失くさないように受け継ぎ、次世代につなぎたい。

子どもたちに想い出をつくる—天空の城・早朝登山

兵庫県朝来市　高本恵三《こうもとけいぞう》

地域での活動の仕方、地域とのつながり方は人それぞれ自由で、「何をして」つながるかよりも「何を想って」つながるかが大切だ。その「想い」はやがて、「まちへの愛着や誇り」につながる。

　私が暮らす兵庫県朝来《あさご》市は、市内に大学、専門学校等がなく、多くの子どもたちは高校を卒業すると都市部へ進学していく。私もご多分に洩れず、進学のため都市部へ出て、就職で帰ってきた。帰ってすぐ、昔からある地元の青年会や消防団に入り、地域行事やイベント、消防活動を行ってきたが、その時は「何かを想って」ではなく、当たり前のこととして参加していた。

　地域とのつながり方が変わったきっかけは、地域づくり人育成講座（現：全国地域づくり人財塾）である。この講座でさまざまな人と交流するうちに、「自分の想いで地域で活動してみよう！」と考えるようになった。

　私が子どもの頃、山城である「天空の城竹田城跡」へ早朝の真っ暗な中、友達とドキドキしながら登り、山頂（城跡）で日の出を見たことを鮮明に覚えている。そんな楽しかった行事が現在は行われていないことを知り、今の子どもたちにも体験してほしい、ないのなら自分たちでやってみようと企画した。この非日常的な体験は、かつて私がそうであったように、今の子どもたちにとっても地元での良い思い出になったはず。いつか都市部に出ても、こうした思い出を大切に、それぞれの道を歩んでほしいという「想い」である。

「天空の城 竹田城跡」への早朝登山

柔軟に動き回るタコ足ケアシステム

千葉県多古町　平野《ひらの》　香《かおり》

人口1万5千人弱の小さな町で公務員として働き始めて20年が経った。相談の仕事をしてきたなかで、必要な制度や支援がなく壁にぶち当たったり、組織内の難しさで悩むことが多くあった。

変化が訪れたのは、２０１４年12月。介護事業所のソーシャルワーカーの声かけで、商店街のおっちゃんや福祉事業所の職員が数人集まって、地域のあんなこと、こんなこと、あったらいいな、の妄想大会。今の私の趣味活動でもある「タコ足ケアシステム」の活動がゆるやかに始まった。数か月に1回の少人数の集まりから、少しずつ輪が広がって、地域の人と福祉事業所の人、役場の職員、障がいのある人もない人もごちゃまぜになり、分野や世代を超えた繋がりで地域の困りごとを解決する活動になっていった。

シャッター街になった商店街を障がい者施設のイベントで歩くことで商店街が元気になったり、保育所だった建物のリノベーションでは、地域のつぶやきを拾い集めて、困りごと×困りごとでみんなが笑顔の居場所づくり。タコ足の活動を紹介するまちあるきツアーでは、町外から年間１００人以上の人が町を訪れてくれた。

役所だけ、事業所だけ、住民だけではできなかったことが、地域のヒト・コト・モノをつなげることでいくつもの実践につながった。「やっちゃおう！」「いつやる？」がタコ足ケアシステムの合言葉だ。

昨年の9月、台風による被害で町中が停電、断水したときには、「タコ足災害ボラセン」が立ち上がり、町内外のネットワークにより多くの支援をいただくことができた。行政ができないところをフレキシブルに動きまわれるのもタコ足ケアシステムの特徴である。

私たちの仕事は、住民のしあわせのため。課題があるのも地域だが、解決のヒントも地域にあった。ちっちゃなこと、できることからコツコツと。これからも地域のみんなと一緒に楽しく取り組みたい。

40

資格を生かしまちの保健室を開催

東京都八王子市　黒田藍《くろだあい》

――自分は支援者である前に、このまちの住民でもある。一人の住民として地域活動に参加してみよう――そんな思いを抱いていた時、一人の住民の方との出会いがきっかけで、ボランティア活動を始めたのが、私の地域活動の始まりです。

現在、住民が主体となって運営する「地域食堂」で、月に1回ボランティアとして「まちの保健室」を開催しています。住民の方から、「この地域食堂に保健室のように気軽に相談ができる場所が欲しい」という要望を受け、保健師の資格をもつ私が企画を担当することになりました。

ここでは私もボランティアであり、そして住民でもあるという意識を持ち、あえて専門職の鎧を脱いで関わることを心掛けています。その結果、仕事のなかでは見えなかった住民の生活の様子や本音を聞いたり、新たな気づきを得ることが多くあります。ここでの経験が、公務としての保健活動に活かされていることは言うまでもありません。

地域活動のなかでは、「健康」「つながり」といったキーワードをよく聞きます。改めて人々の健康を守る公衆衛生について学び、効果的な実践やまちづくり、政策につなげていきたいと考え、2019年4月から、公衆衛生大学院へ進学しました。仕事と学業、地域活動と目まぐるしい日々ですが、新しいつながりのなかで、刺激をたくさん受けています。一歩外に飛び出したからこそ見えたもの、得られたものがあると感じています。

まちの保健室「さくら保健室」の様子

41

市職員である前に一人のみしまびと ― 地域で映画づくり

静岡県三島市　小《こ》嶋《じま》敦《あつ》夫《お》

　ダイバーシティは流行言葉となったが、それを説く自治体自身に多様性が欠けているのが現状だ。徐々に変わりつつあるものの、いまだ似た経歴の者同士が、終身雇用、年功序列のなかで生きている。どうしても組織内の同調圧力は高くなり、発想も硬直化しがちだ。たとえば役所の飲み会の話題は、噂話や悪口ばかり。ストレス発散にはいいが、その場限りで発展性に欠ける。その点、街場の人との交流は刺激的だ。さまざまな業界のこと、働き方やまちに対する思いなど、未知の話題に触れることができる。予期せぬ出会いが、新たな仕掛けにつながることも多い。だからこそ、自治体職員が、意識して地域に飛び出すことは大切だ。

　自分の場合は、地域の人をつなぐ映画づくりに仲間とチャレンジしたのが大きな転機となった。約3年に及ぶ活動の末、2016年4月に映画「惑う～ After the rain ～」は完成した。ネタ感覚で目標にした国際映画祭のレッドカーペットを実際に歩けたのは良い思い出だ。数人で始めたプロジェクトは、多様な市民が関わるNPOみしまびととなり、現在は、幼稚園跡地をリノベーションした交流拠点「みしま未来研究所」を拠点に、共創の場づくりへと活動を広げている。

　市職員の立場と地域活動の板挟みに悩んだ時期に、共に活動する先輩に「お前は、市の職員である前に、一人のみしまびとなんだよ」と言われ救われた。自治体職員一人一人が、地域社会の一員であるという当たり前のことを当たり前に意識し、行動することで、それぞれの地域が少しずつ変わっていったら嬉しい。

　地域づくりはお風呂に入ることと似ている。時に面倒で先延ばししたくなる。けれど、湯船に飛び込んだ後に、やめておけばよかったとは思わないだろう。失敗は時が解決し、笑い話、飲み会のネタになる。けれどやらなかった後悔は、心の滓《おり》にしかならない。

　さあ、小さな一歩を踏み出そう。地域はいつもあなたの目の前に、そして足元にあるのだから。

自分のために誰かのために——生活保護通知・通達総索引

大阪府大阪市　山中正則《やまなかまさのり》

きっかけは二つ。

被保護者からの質問や望みにうまく応えられなかった私に、「この手帳を読み込め」と何百ページもの厚さの生活保護手帳を先輩から渡されたこと。

厚生労働省主催の全国ケースワーカー研修で、大阪に住む私には想像できないさまざまな環境で働いているケースワーカーを知ったこと。

２００３年から、生活保護制度に関する各種の通知や通達、疑義問答が資料のどこに収録されているかを、簡単なキーワードから横断的に検索できる「生活保護通知・通達総索引」を製作している。

収録した通知や通達、疑義問答は約５千、それを引き出すためのキーワードは千を超える実務資料として、全国の福祉事務所などで使っていただいている。

索引を毎年更新し、無償配布していることに、感謝の言葉をいただくことも多いが、生活保護の担当を外れたあとも続けているのにはとてもシンプルな理由がある。

何か人の役に立ちたい。

索引を最初に作ったときは、単に自分自身の「不便だな」という思いに応えるためだけのものだった。だが、周りの同僚や他の自治体のケースワーカーの実情を聞いたとき、これなら人の役に立てるかもと考えた。

ケースワーカーは多種多様な相談に個々で対応することが多いため、悩みを抱えたり、時には事件に巻き込まれたりということも報道されている。

索引を使うことで、小さな自治体やベテラン職員がいない現場でも、資料を探す手間を省き、本来の仕事である支援に力を注ぐことができるようになる。

「自分のために」を共有することが「誰かのために」役に立つことになるかもしれない。

「飛び出す公務員」になれているのか、いまだに分からないが、役に立つ人、「役人」にはなれているかなと思っている。

43

公務員×NPO職員は最強—グリシーナ足利

栃木県足利市　永井《ながい》健太《けんた》

サッカー選手から公務員へ

栃木県足利市で生まれ小学3年生からサッカーを始める。大学卒業後、栃木SC、ツエーゲン金沢というチームでプロサッカー選手としてプレー。「大人になってサッカーをやる機会、場所って減ったよな」。地元の仲間の一言に「多くの人にサッカーをする機会も場所も作ってあげたい」と行政に入ることを決意し、引退後28歳で足利市役所に入庁し現在11年目。

NPO法人「グリシーナ足利」を立ち上げる

入庁して5年目の2016年、地元のサッカー仲間とNPO法人を立ち上げる。平日夜の小・中学生向けサッカースクールを中心に、講演活動、大人向けイベントなどを行い、多くの人にサッカーに関わる環境を提供している。自分の能力、経験を地元の子どもから大人に還元している（※2020年現在スクール生は約160名イベントも月に2回ペースで開催中）。

公務員×NPO法人職員は最強

・給与が保障→安い報酬や謝礼で活動できる
・市民から信頼→イベント開催時に交渉がスムーズ
・自由な時間を確保→ニーズに応えた時間に活動

自分はサッカーという能力を地域に還元しているが、料理や音楽、絵画など特技があれば公務員なら誰でもできる。公務員みんながもっと地域に出て、自分の能力や経験を活かしたらまちは必ず良くなる。

（上）小学生向けのサッカースクール
（下）おじいちゃんと孫の教室

仕事以外にも何かするっていい！

新潟県新潟市　渡邉秀太《わたなべしゅうた》

色んな活動達

気がつけば、複数の活動に関わっていました。自分で始めたもの、メンバーとして参加しているものなどさまざまですが、その一つ一つが、良い経験・充実感につながっています。

たとえば、月に1回集まって政策などについて話し合う「新潟せいさく所」、新潟で活躍する人の講演会を開催する「にいがた市士の陣」、空間活用イベントなどを実践して都市経営の視点を養う「公民連携ゼミ」、オリジナル手拭いで民謡流しに参加する「涼風会」、私が住んでいる地元の「東明第一自治会」、社会人向け教養講座を開催する「Niigata Liberal Arts Club」、クラフトビール工房や酒蔵へのツアーを企画する「体験型美食倶楽部」など、メンバーや趣旨も多様で、やりがいのある活動達です。

共感して、共感されて

初期に始めたのは「新潟せいさく所」と「にいがた市士の陣」で、これらは新潟市の自主研究グループです。勉強しながら外ともつながって、仕事に役立てようと始めた取り組みです。

私なりに思う活動のメリットは、三つの「ション」です。活動をとおして多くの人に出会い、「インフォメーション（情報）」の獲得、「モチベーション（意識）」の向上、「コラボレーション（連携）」の可能性も高まり、力になったと思います。そして、「共感して、共感されて」活動の幅がどんどん拡がっていきました。

多様な活動・人の営みが、まちを豊かにする

活動を続けていると「仕事以外にも何かするっていいなぁ。自己実現の面からも大切だし。そういう人が増えれば、まちはもっと良くなるんじゃ？」と思うようになり、それもまたエネルギーに。

新潟には幾つもの活動があり、面白い人もたくさん！多様な活動・人の営みがまちを豊かにしてくれると思い、私自身これからも活動を続けていきます。

4　まちづくり、地域づくりに飛び出す

百見は一験に如かず

山梨県北杜市　浅川裕介《あさかわゆうすけ》

1980年生まれ、旧大泉村入庁。2004年11月に町村合併し北杜市が誕生。2010年に「食と農の杜づくり課」を立ち上げる。

なりたくてなった公務員ではない

私は、正直言って公務員になりたくてなったわけではありません。

そもそも公務員がどんな仕事なのか?まったくわからないまま、親の勧めで採用試験を受けたくちです。こんなことをいきなり書くと、税金泥棒といわれるかもしれませんが、今はこの仕事に誇りをもち、おかれた立場で最高のパフォーマンスをすることを常に考えております。

では、どのようにして「なりたくてなった公務員でない」から「公務員として常に最高のパフォーマンスをする」にまでモチベーションが変わったのか。それは、とても単純なことでした。

入庁してすぐ、公務員としての洗礼を受け始めます。それは住民からの「いいなお前たちは税金で飯を食べていて」との言葉でした。「いいよね。公務員は8時から17時までで」とか、今考えれば世間的には挨拶みたいな会話なのだと思いますが、当時私はこの業界はなんて評判が悪いのだろうと感じ、ただ単純にこの雰囲気を変えたいとおもったのが、モチベーションを上げることにつながったのです。

税金で飯を食べるという言葉に関しては、この日本国の仕組みが変わらない限り変わることはありません。では、どのようにしたらこの言葉が消えるのか。それは簡単なことで、自分が住民のためにどれだけ汗を流せるかであり、その汗が「信頼」に変わる流し方を心掛けることだと考えています。

最大の敵は己、己を知って己を動かすために

市は当時地産地消率が重量で18％しかなく、3年後に重量ベースで40％を超すという目標を立てていました。

北杜市の新しいチャレンジは、注目度は非常に高く、連日新聞などに取り上げられていました。ただ、当時、山梨県の学校給食を担当する課は、達成は困難な数値というコメントでした。

私は、「無理」とか「無謀」とかこういう言葉を第三者から言われるとやる気スイッチがオンになります。単純に、私はただの負けず嫌いなのです。

誰にでも、やる気スイッチはあると思いますが、そのスイッチがどこにあるかを知ることは、とても重要だと私は考えています。

私の場合は、さらにこのやる気を持続化するために、自分で自分の首を絞めるようにしており、具体的には、やりたいことを公言しています。公言することで、周りからオオカミ少年とは言われたくない私は、やりたいことに向かって自ら勉強しますし、「悩む」から「考える」に思考回路が切り替わりやす

くなると私は考えています。物事を動かすことはとても簡単なことです。それは、「やる」か「やらないか」の二者択一を自分がしているからです。「イシューからはじめよう」という著書にも書かれていますが、「悩む」は答えが出ないという前提のもとに考えているフリをしているだけですので、ただの時間の無駄であります。

百見は一験に如かず

百聞は一見に如かずという言葉は、だれでも聞いたことがあると思います。

このことわざには、「百見は一考に如かず、百考は一行に如かず、百行は一果に如かず、百果は一幸に如かず、百幸は、一皇に如かず」という続きがあります。

特に「百幸は、一皇に如かず」は、私たち公務員にとって大切なことであり、地域の将来をつくる私たちの仕事において、このことわざのすべてを知っていただきたいと思い紹介させていただきます。

私は、非農家の家で育ったため、「農業」を知りません。おそらく市の農業振興を考える担当者も「農業」を知らないのに担当している場合がほとんどだと思います。

そんな私たちが、農家さんや農業者団体と市の農業振興に対して意見交換をしなければならないので、それは簡単にはいきません。

ある日、有機農業者団体の会議で、私は愛媛県今治市の取り組みが、北杜市の農業の未来に必要であることを訴え、協力いただきたいとお願いをしました。しかし、結果は散々でした。農業に関して無知の私の提案ということもあったとは思いますが、相手の懐に入れない、壁があると、この時に感じました。これを取り壊すには、自分も農業を始めて、同じ農業者という土俵で話をしないと前に進まないと考えました。その時の上司は、親が脱サラして養鶏をはじめ、野菜農家となった家族でしたので、土地の一部をお借りして、今は亡き上司のお父さんに農業の考え方を教わりながら、私の農家の道が始まりました。専業でなくても農業という世界に足を踏み入れたことで、見たり聞いたりしているだけではわからない経営の部分、栽培技術、時間や身体の使い方などを経験することができました。

「百見は、一験に如かず」は私が勝手に書いたものですが、実際に経験することで沢山の引き出しが自分のなかに作り上げられます。そうすることで、百見は一考に如かず、百考は一行に如かずと深みがより一層増すものと私は考えて、紹介をさせていただきました。

事務処理に追われる日々を過ごす私たちではありますが、時間を上手に使い、時間が作れた時には現場に行く、現場で見たことで少しでも疑問に感じることがあったら、自分なりに調べてみるなど難しく考えなければ色々やるべきことが見えてくると思います。

百聞は一見に如かず、その先のもう一歩を踏み出すことで、信頼や仕事の深みが増します。ぜひ、一歩踏み出す勇気を持っていただきたいと思っています。

埼玉県から北杜市を選び新規就農した井上氏（写真左）。良き相談相手

46

「公」「私」の領域で地域の未来を担う
――本質へのアプローチ

徳島県佐那河内村　安富圭司《やすとみけいじ》

1973年生まれ、1993年村職員。全国地域リーダー養成塾第27期生。徳島県キャンプ協会理事等。遊び仕事で、地域づくりを実践中。

勘違いから始まる「自分事」

「役場をいつやめようか?」入庁してそればかり考えていた。目標もなく仕事をする悶々とした日々にやりがいを感じられずに、心が折れていた。そんなとき転機が訪れる。村内で開催する県事業の主催だった。10年以上休止していた青年団を復活させて実施する事業期間はたったの3ヶ月、事業費はチケット販売などで稼ぐしかないイベントであったが、仲間と共に地域を駆け巡り、想いを語り続ける刺激的な日常は、閉塞した意識が変わるには十分な時間だった。他人事から始まり、いつしか自分事と勘違いし、事業を成功させるために夢中になっていた。途中で諦めることができない状況のなかで、小さな覚悟と決断の連続は、今も忘れることができない、とても貴重な経験だ。

当時、よく「昔、してもろとるけんな」と言って応援してもらった。それまで知らなかった「恩送り」

の慣習だ。この経験がきっかけとなり、まだ知らない地域の可能性と未来に、自分自身に何ができるか興味を持つキッカケになった。

本質へのアプローチ。取り組みから文化へ

その後、希望が少ない廃棄物行政の担当を志願した。当時は、行政管理のゴミ集積所が23箇所あり、広報などで啓発活動を行っていたが、分別はおろか粗大ゴミが不法投棄される状況であった。現状に疑問を持つ住民と共に、住民主導でゴミ分別に取り組んでいくことを決めた。

その取り組みは、口コミで広がりをみせ、メディアの力もあり、分別活動と環境への意識は村全体に広がった。それから約6年間ですべてのゴミ集積所で、分別品目や地域のルールが決まった。合意形成のために実施したワークショップは80回を超えていた。行政は地域のルールに合わせて、収集形態と委託先を変え、ゴミ排出量の縮減と約60％の経費削減に成功した。それを原資に乳幼児医療費無料化（現在は高校卒業まで）を実現し、現在までに2億4千万円以上の縮減効果をもたらしている。

行政がルールを決めて啓発するスタイルでは地域の課題解決にはいたらない。だが地域住民が主体となって議論し、合意形成を図り行動することで、廃棄物行政は大きく変わりさまざまな効果をもたらした。

地域の課題は、住民の想いや気づきから小さな取り組みが生まれ、合意形成を経て地域の活動になり、その活動を行政が支援する事業になり政策へと変わる。その政策が地域に受け入れられて継続されるこ

とで習慣になり、文化（共有される価値観）へと変わっていくという体験をさせてらった。

楽しく進める仕事と「遊び仕事」

地域活性化センター主催の全国地域リーダー養成塾で学んでいた頃、定住促進と地方創生を担当していた。主任講師の大杉覚先生の指導の下、多くの有識者や仲間の協力を得て、新しい人の流れをつくる仕組みづくりに奔走した。特に空き家活用と移住支援は、内向きの施策と外向きの施策を並行して行う必要があり、どちらも人の心にアプローチし、行動に変えてもらう努力が必要だが、そのノウハウがなく失敗の連続だった。

空き家の交渉は、借りる側は「未来」を語り、貸す側は「記憶」を辿る。そして「共感」から交渉が進んでいく。移住支援は「小さな決断ができる環境」と地域等との「信頼関係の構築」が大きな決め手になるが、当事者にとって、小さな決断の連続は苦しく、待つという「間」で寄り添った。そして、受け入れる地域組織や住民とは多様な情報を共有し、一緒に未来を語り楽しく進めていった。その時の自分は、自然と公務員と村民の両方の立場を使い分けていた。昼は公務員として超真面目に仕事をして、夜は、村民として地域と移住希望者を繋げるために、夜な夜な交流会という宴会を主催した。その結果、体重も増えたが移住者も増えて、取り組みから3年後、人口社会増にいたった。

今は異動し、まったく違う仕事をしているが、興味のあるテーマは、村内外の仲間たちと各々のスキルと資金等を持ち寄り、楽しみながらする、もう一つの仕事＝「遊び仕事」として続けている。

1000年 つづくむら さなごうち

東大名誉教授の大森彌先生から「住民が自治を諦めなければ村はなくならない」、早稲田大学の宮口侗廸先生から地域づくりは「その時代にふさわしい地域の価値を内発的に作り出し上乗せする作業」と学んだ。激動するこの時代に、これらを実現するためには「適応力」と「判断力」、そして「○○感」を大切にすることが必要だと思う。それは自分なりの「想い」を持ち、実践でしか得られない経験と人脈を創り出し、どんな状況でも地域の行く末を諦めない覚悟によって醸成されるのではないだろうか。

このコロナ禍で、新しい社会像が見えない時だからこそ、今まで知り合えた人たちとの関係を大切に自身の覚悟と決断を信じて、今できる最善の努力を重ね、地域の未来に少しでも新しい価値を上乗せしたいと思う。

そのために、私自身も次のステージに向けて、新たに挑戦を始める。村民や仲間と共にこの村で暮らしてきてよかったと笑いあうために。

1000 年つづくむら　佐那河内村

47

大崎町ってどんな町?に答えた30年

鹿児島県大崎町　中野《なかの》伸一《しんいち》

1967年生まれ。1988年大崎町役場入庁。税務課を皮切りに、企画課、財政担当、環境係等で資源リサイクルやJICA事業担当、人事係、秘書係を経て2020年から企画調整課長。

思えば高校時代にクラスメートから聞かれたこの単純な質問が私の自治体職員としての原点かもしれない。大崎町役場に入庁した当時、他自治体の職員からも同じような質問をされたことがある。実際、自然豊かで農業が盛んな町という、ほとんどの地方がそうなのではないかと思える平凡なイメージ以外の特性を持ち合わせていなかった（見つけ出せていなかった！）町の職員として、質問を受けるたびに悔しい思いをしたことがあった。

それから約30年という歳月が過ぎ、今では国内外から毎年多くの方が視察に訪れる町になった。そんな大崎町の魅力を文面を通して少しでもお伝えできればと思う。

大崎町は鹿児島県大隅半島のほぼ中央部に位置する人口約1万3千人の町である。町面積の約40％を占める約4千ha（ディズニーランド80個分！）の農用地は温暖な気候を背景に豊富な農畜産物を生み出し、全国有数の産出額を誇っている。

大崎町を視察関連で訪問される方のほとんどが環境施策だと思われる。大崎町は従来焼却炉がなく、隣接する志布志市と構成する曽於南部厚生事務組合の埋立処分場にすべてのゴミを埋立処分していた。以前の埋立処分場が満杯となり、現在の埋立処分場が１９９０年から２００４年までの15年間を計画期間として新たに建設されたが、計画より大幅に埋立ゴミが増加し、残余年数がひっ迫していた。

厳しい財政状況のなか、多額の維持管理費を必要とする焼却炉の建設は難しく、さらに新たな埋立処分場の建設も周辺住民の理解を得難いことから、これまでのゴミ処理方法を大きく転換し、埋立て処分から徹底した分別収集へと舵を切ることで、最終処分である埋立処分量の削減に踏み切り、埋立処分場の延命化を図ることとなった。

多品目の分別収集には、住民の協力が不可欠であり、導入には相当の反発が予想された。そこで、町担当者は住民のリーダーにゴミ処理行政に関する現状を公表し、学習会を重ねて「ゴミ処理は行政だけの問題でなく自分事であること、埋立処分場の残余年数のひっ迫は他人事ではなく、自分事である」という当事者意識を共有した。そして町担当者と当事者意識を持った住民リーダーとの共催により町内約１５０自治会に約３か月の間、合計４５０回の説明会を実施した結果、住民の理解を得ることとなり、２０００年から16品目の分別収集が開始された。現在では、行政・企業・住民が連携した焼却に頼らない28品目分別のリサイクル（以下、大崎システム）を行っており、特にコミュニティを軸に、「ゴミ分別」という特定の新たな課題に取り組む「衛生自治会」という住民組織を構築し、収集日における立ち合いや、分別指導などについて取り組んでいることで、町全体のリサイクル率が高く保たれている。

その結果、資源化率は80％を超え、２００７年度実績から２０１７年度実績まで12年連続で資源リサイクル率日本一を達成した。私が環境対策係へ異動した2012年からはJICA草の根技術協力事業によりインドネシア国デポック市、バリ州への大崎システムの国際展開を開始し、その後人口約1千万人のジャカルタ特別州での事業も開始している。

この環境面での成果により大崎町の知名度はかなり向上してはいたものの、人口減少に伴う地域活力の低下を払しょくするには情報・人材とも不足しており次の一手を打ち出せずにいた。

そこで地方創生に知見を有する慶應義塾大学SFC研究所と地域金融機関である鹿児島相互信用金庫との3者で「大崎町リサイクル未来創生プログラムの共同開発に関する連携協定」を締結し、地方創生戦略の検討や人材育成を行うこととなった。2018年からはリサイクルによる益金を原資に、町外に進学した学生が就職等で町内に戻ってきたら奨学金の返済金全額を補填する「リサイクル未来創生奨学金」を信用金庫、大学と共に創設した。

またこの協定によりお互いの持つ情報・人材・経験等が有機的に連携し始め、さまざまな人材が大崎町に訪れることになり、一般社団法人リバースプロジェクトと地域おこし企業人プログラムによる人材派遣を実現し、また慶應義塾大学大学院上席研究員を総合戦略推進監として招聘した。

これらの人材の助言協力を得て大崎町民であれば当たり前すぎて気づかなかった大崎システムをSDGsの環境・経済・社会の3側面に再定義したところ、資源リサイクル率日本一や海外展開による環境面の効果はもちろんのこと、経済面では、民間のリサイクルセンター設立による約40名の新規雇用、生ゴミから作られる有機堆肥やリサイクルから得られる売却益収入、社会面では、ゴミ分別を主導する女性が活躍する自治会での定期的な清掃ボランティアや、前述したリサイクルによる益金を原資とする「リサイクル未来創生奨学金」などが評価され、第2回「ジャパンＳＤＧｓアワード」副本部長賞（内閣官房長官賞）を受賞するなど、知名度が向上している。また大崎システムを背景とした環境にやさしい町、ＳＤＧｓ推進の町としての評価も高まり、豊富な農畜産物を返礼品としたふるさと納税は多くの寄附者に支持され、２０１５年度のふるさと納税額は約27億円と全国４位、町村では1位、２０１９年度までの累計額は１００億円を突破し、本町経済に大きな影響を与えている。

２０１９年度にはＳＤＧｓ未来都市に選定され、持続可能な社会づくりに向け各種施策を進めるための諸準備を行っており、地域おこし協力隊制度を活用した外部人材の招聘やＳＤＧｓ推進のための中間支援組織設立を進めている。

冒頭の悔しい思いから30年という歳月が流れているが、ゴミ処理という生活に密着した問題を住民の当事者意識で解決し、それが多方面に好影響を与えていることは事実であり、この一連の流れに少しでも関われてきたことは誇りでもあり、この町の職員で良かったと思える理由である。

まだまだ解決すべき課題は山積しているが、「目の前の課題解決が世界につながる」面白味は自治体職員の醍醐味ではないだろうか。

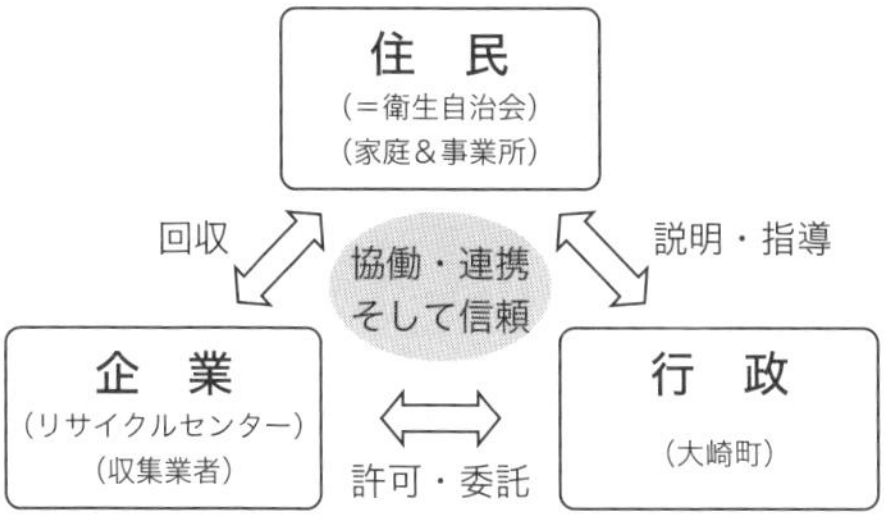

大崎リサイクルシステム

書を捨ててまちへ出かけよう
——職員はまちづくり総合プロデューサー

山口県下松市　原田《はらだ》幸雄《ゆきお》

1965年生まれ。岡山大学卒業。下松市役所に入庁。生涯学習振興課長、秘書広報課長、総務部次長を経て、現在は地域政策部長。地域では任期のない自治会長、学校運営協議会委員等の地域活動に従事。

岡山で過ごした学生時代。繁華街で夜遅くまでアルバイトをし、朝起きることが億劫で、授業もサボり気味で、だらしない大学生の自分自身に少し嫌気がさしていた。そのような時、異業種交流による市民劇団の旗揚げ公演に参画する機会に出会い、舞台に立ち、戯曲を書き、演出に携わったことがある。その経験は、私にとってはとても新鮮で、衝撃的な日々の連続であった。人が集い、何もないところから様々なことが積み上っていき、次第に芝居が完成していく現場に身を置いた。

演劇という創作活動は、まちづくりと類似している点がある。劇場や舞台はまちであり、役者は市民しかも主役。大道具、小道具は、まちを構成する地域資源のようである。そして、演出家が演じる役者を上手に調整、支援しながら、内部への指示や外部との折衝を行い、作品を仕上げていく。一方で、プロデューサーは、あらゆる状況を想定し、多様な手段を駆使し、劇を制作していく。

プロデュ—サーに求められることは、最高の作品を完成させるための戦略思考、想像力、問題を発見し解決するための手段の模索、コミュニケーション能力等である。そして、それらの力を駆使し、企画立案、意思決定、折衝交渉、課題発見、資金調達、広報宣伝、人間関係の調整、組織管理等を計画し、遂行する力量である。学生時代に関わった創作活動を通じて得た経験から、「創作活動をまちづくり活動に結び付ける視点に立って、地域に関わってみるのも面白いかな」と思い、市役所に入庁し間もなく地域に飛び出した。

一人の地域住民として私は、これまで、社会福祉活動、自治会活動、ＰＴＡ、子ども会育成会、スポーツ少年団といった社会教育活動、コミュニティ活動、ＮＰＯ法人など活動に積極的に参画してきた。かつては、自治体職員が自分の時間を費やして地域に関わることについては、「職員と言った途端、役所の文句ばかり言われるから辛い」とか「いろんなことを頼まれるのが面倒くさい」「そんな時間があれば、自分の仕事をちゃんとしろ」とか否定的なことが言われていた。私が市役所に入庁した平成当初頃、そのようなことを言われる職員もいて、職員は住民と一線を置く官僚主義的な体質、ムラ社会の雰囲気が漂っていたような気がする。私はそのような中、20代という若さだけで、地域に飛び出した。

私が生まれ育ち、現在居を構える山口県下松《くだまつ》市花岡地区は、古くから旧山陽道の門前宿場町として栄え、神社仏閣も多く、歴史と伝統と文化が薫る地域である。毎年11月３日に、花岡福徳稲荷社稲穂祭が開催される。この祭事は、白狐にまつわる伝説をモチーフに考案され、きつねの嫁入り行列が旧街道を練り歩き、クライマックスで三三九度の盃を交わす結婚式が行われる。人間が白狐に扮し、まちなかで結婚式を行うのである。県内外からおよそ３万人の観光客が訪れる。第２次世界大戦後間もない１９５０年、戦後の地域の活性化のために、浄土宗法静寺・花岡福徳稲荷社・同奉賛会が中核となるなど、宗教的な意味合いもあったが、当初から自治会に役割が振り分けられ、地域住民のコミュニティ活動の一環として行われてきた。今では、スポーツ少年団、ボーイスカウト、子ども会、地元高校の生徒会、自治会、若者グループ等の団体が行列に参画し、観光振興や文化振興の面も含めた下松市を代表するイベントに発展している。

　私は幼少期から、きつねの嫁入り行列の子ぎつね役や鼓笛隊としてこの祭事に関わり、現在は、行列の進行係を担当している。年に一度の祭事ではあるが、会議での意思決定から始まり、警察署、JR、バス事業者や医療機関等各種関係機関との折衝交渉が重要な鍵を握っている。また、多額の経費がかかることによる資金調達、多くの来場を獲得するための広報宣伝は必至である。役割分担という点では、多数のスタッフとの人間関係の調整を含めたコミュニケーションがスムーズに進まないと、お祭りの一体感が醸し出せない。このような事業を進めるうえで、役割分担は非常に重要で、限られた数名が実質上のプロデュースを行い、総括しているのが現状である。私もその一員であり、時には市職員という立場を上手に生かすことによって、準備がスムーズに進むこともある。

花岡福徳稲荷社稲穂祭「きつねの嫁入り」

この祭事に直接関わることを一例として、地域で行なわれることに積極的に関わっていく間に、たくさんの人と出会い、さまざまな知恵を習得し、知識を学ぶ機会を得た。時には市役所に対する批判的な文句や困難な依頼をされることもあるが、それは地域住民が抱える課題とか、現場の住民目線での対応だと勝手に解釈し、自己研鑽の一環と思うようにすると、自然とすべてが前向きになることができ、公務に活かしていこうという気持ちになれた。

これまでの様々なまちづくり活動を通じて学んだことや、仲間と共に汗を流し涙した日々は、自分史の大切な一ページである。

まちづくりは、まちを劇場とし、舞台で住民が演じる「生活という営み」で構成される劇を制作するようなものであり、その過程において、まちを構成する地域資源を有効活用し、劇を演出することであり、総合プロデュースすることである。つまり、自治体職員であるということは、「まちづくり総合プロデューサー」感覚で、直接まちづくりに関わり、市民の声を行政運営に上手に反映させる作業を進めていくチャンスがあるということである。

自治体職員が地域に飛び出して、住民目線で考え、行動することは、これからの新しい公務員像においては、かつてない「切り札」になると思う。庁舎の中で、書類に向き合って、パソコンを操作することも大切な業務であるが、地域やまちへ出かけてみるのも大切である。地域に飛び出せば「まちづくりの答えはきっとまちのなかにある」ということを実感できるのではないだろうか。自治体職員の奮起を期待したい。

本気で楽しむ、諦めない、まちづくり

つくばまちなかデザイン㈱（元茨城県つくば市）
小林《こばやし》遼平《りょうへい》

1983年生まれ、大学卒業後、つくば市役所に入庁。つくばのまちづくりに12年間携わる。趣味は旅。

「まちづくりに大切なことはなんだろう？」。まちづくりに携わって約10年、何が大切なのかをいつも考える。この問いに正解などないが、今の私は「そのまちに愛着を持つ」「本気でまちづくりを楽しむ」「最後まで絶対にあきらめない」の三つが大切だと思っている。

そのまちに愛着を持つ

「まちづくりは動機がある人がやらないとうまくいかない」と、以前、ある人に言われた。動機がない人が取り組めば、途中で逃げることもあるかもしれない、中途半端な気持ちで取り組むかもしれない。私がつくばのまちづくりを諦めずに約10年も続けられているのは、つくばのまちがとても好きだからだ。好きだからこそ、約10年、逃げずに本気で取り組んできている。「好きこそ物の上手なれ」とあるように、まちづくりだけではなく、すべてのことに対し、愛着を持って取り組むことが大切ではないだろうか。

まちづくりをする人が本気でまちづくりを楽しむ

「皆さんはどんなまちに行きたい、住みたいですか?」。

こんな質問を受けたとき、皆さんはなんて答えるだろう。教育環境が良いまち、商業施設やアミューズメント施設が充実しているまちなど、さまざまな答えが出されると思う。まちは多様な機能が集まることで成り立つことから、人によってさまざまな答えとなるのは当然である。それらの意見をよく見ると、「生活に付加価値を与える(=楽しくする)機能」をまちに求めていると言えないだろうか。

では「付加価値=楽しみを与えるまち」を創るためにはどうすればよいのだろう。正解はないが私の答えはただ一つ、「まちづくりをする人が本気で楽しみながら取り組む」ことだ。まちに訪れる人は楽しむために来ている。そのまちを創る人がつまらなさそうに取り組んでいたら、まちもつまらなくなる。そのため、まちづくりに携わる人は全力で楽しみながらまちづくりをすべきである。ただし、まちはさまざまな人が活動するフィールドであるため、まちづくりを行う人自身がまちで活動、交流し、さまざまな人の考えを理解し、広い視野で楽しむことが大前提である。

地域の方とごみ拾い&交流

最後まで絶対にあきらめない

まちづくりをしていると頻繁に壁にぶち当たる。まちには多くの機能が立地し、多くの人が関わっていることから、多くの規制やしがらみが存在する。また、考え方も人それぞれであるため、一つの考え方にまとめることは難しい。

私が以前取り組んだ仕事の一つに、日本で初めて無電柱化を義務化した条例「つくば市無電柱化条例」（２０１６年施行）がある。日本で初めての制度であったことや電力会社など関係者も多数いたことから、各方面からかなり強い反対の意見を多々頂き、挫け、あきらめようと思った時もあった。しかしながらつくばをより良いまちにするためには絶対に必要な制度であることや、多くの市民から無電柱化を望む声を頂いたことから、あきらめない強い心を持ち、さまざまな抵抗を乗り越え、２年の歳月をかけ条例を制定した。現在、つくば市の一部の区域では電柱を建てることが認められておらず、無電柱化が図られたことで、魅力ある景観が創出されている。もし、あのときあきらめていたら、今頃多くの電柱が建てられ、他のまちと変わらない電柱が多く立ち並ぶ街並みになっていただろう。

つくば市中心部

このようにまちづくりは壁にぶち当たることは当たり前であり、それを超えてこそ、魅力あるまちづくりが実現できる。そのため、最後まで絶対にあきらめない心が重要だと感じている。

市役所とまちづくり

私は大学の時に都市計画を学んでおり、まちづくりを仕事にしたいと思っていた。そのため、就職先を決めるときには、どこに就職すると一番まちづくりができるかを考え、その結果として市役所に入庁した。

市役所で仕事をして約10年、幸い入庁してから今まで継続してまちづくりに携わっている。自治体の仕事は幅広く、まちづくりから教育、福祉、市民生活など、幅広い分野に携わる仕事である。まちは多様な機能が必要であることから、まちづくりのためには都市計画の専門分野のみでなく、福祉なども含め、さまざまな分野を知らなくてはいけない。そのような意味で行政は幅広く知る、学ぶことができることから、私はまちづくりをしたい人にとって市役所は良い仕事だと感じている。しかし、まちは多様な人が活動をしていることから、市役所の仕事のみに閉じこもるのではなく、さまざまな人と関わり、視野を広げることも重要である。

「人生は一度きり」。私はいつもこの言葉を胸に刻み取り組んでいる。あとで後悔するくらいなら、失敗を恐れず全力で取り組むほうが良い。私はこれからも挑戦し続けたい。

50

面白いこと以外、禁止――起業支援

岩手県八幡平市　中軽米真人《なかかるまいまこと》

1974年生まれ。松尾村役場に1998年入庁。合併協議会、企画、電算、産業振興などに従事。「仕事が楽しければ人生は愉しい」を行動原理に生きる。

世界から、志ある若者たちが集う過疎地

北はイギリスから南はニュージーランドまで、世界十数カ国から定員の数十倍ものエントリーが殺到する。そんなプログラミング合宿が、岩手の片田舎で開かれているのをご存知だろうか。

わずか4週間という短期ながら、最終日には全員がオリジナルのアプリやウェブサービスを立ち上げられるだけの実力を身に付け、修了後に起業する例も珍しくない。合宿を通して滞在可能な宿舎で、青雲の志を抱いて世界中から集った仲間たちと起居を共にしながら切磋琢磨することで、プログラミング経験がゼロの参加者でも、通常ではあり得ないほどの成長を遂げる。これらすべてを完全無料にて提供する。それが、起業志民プロジェクトのスパルタキャンプだ。

起業志民プロジェクトは、その名の示すとおり志さえあれば誰にでも門戸を開いている。市内外からスパルタキャンプに参加したメンバーのなかから「八幡平市《はちまんたい》で起業したい」との声が上がり、それに応

えようと合併で遊休化した庁舎の一角にシェアオフィスを開設するとともに、事業計画の立案や資金調達の支援などを推進。育てた起業家たちが、次の世代を育成するという仕組みを形成した。

２０２０年度で第21期を数えるまでに成長したスパルタキャンプは、累計で３千数百人から申し込みをいただき、約３００人の起業家を育成。市内だけでも起業事例は10件を超え、プロジェクトの一環で開設したシェアオフィス・八幡平市起業家支援センターには、30人以上が登録。手狭になったことから、２０２０年度末には駅前の民間施設を借り上げて移転するほどの盛況ぶりだ。

一見すると、順調そのものに見えるかもしれないが、当初は1年近く定員割れが続いた。起業家になりたい人に情報を届けるにはどうしたら良いか、問いを立て、仮説を検証しながら、ネットやSNSの発信を強化し、インフルエンサーの協力を得るなど、あらゆる打ち手を試みた結果として、今日を迎えている。より高い成果を挙げるため、さらなる改善は今後も続くだろう。

楽しさに人を惹き付ける世界観が生きる

起業志民プロジェクトは、私の個人的な着想から始まり、ほぼ1人でオペレーションしてきた事業であることもあり、

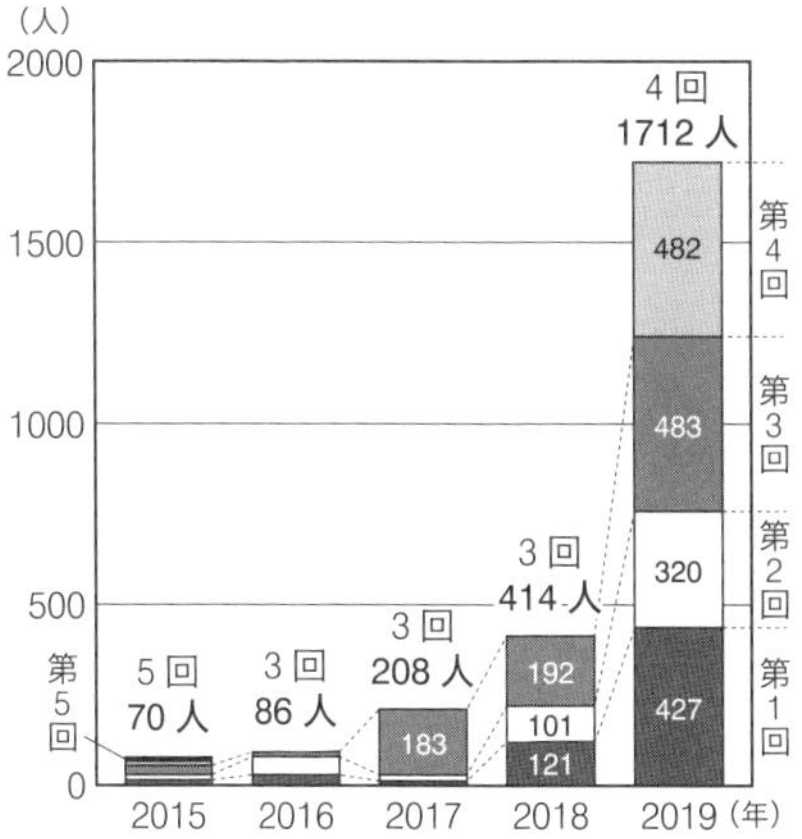

スパルタキャンプのエントリー数推移

通底する世界観には、私のカラーが色濃く反映している。その一つが、「面白いこと以外、やるの禁止」という、プロジェクトのたった一つのルールだ。行政らしからぬフレーズではあるが、起業志民プロジェクトの世界観を表すとともに、重要な意味を持っている。

国内外から集ったスパルタキャンプの参加者たちが移住する事例が相次いでいるが、彼らの背景は非常に多様だ。いわゆるニートから学生、海外在住の医師まで、さまざまな経歴の持ち主たちだが、みな異口同音に「八幡平市なら、何か面白いことができそうだから」移住した、と言うのだ。人は、楽しいこと、面白いことに引き寄せられる生き物だ。スパルタキャンプという、同じ仕掛けで学んだ先達が起業し、活躍しているというロールモデルの明確性もさることながら、八幡平市でひたすら楽しく働いている姿が、多くの人を魅了しているという事実は、非常に示唆的である。

〝住んで楽しいまち〟から〝働いて楽しいまち〟へ

八幡平市は、人口減少が最大の課題となっている典型的な過疎のまちだ。人口が減り続けるのは、望む仕事がないからではないか、との仮説を立て、補足でさまざまな調査を行った結果として、学生の就職先として人気の高い情報通信業の創出を目指すことを目的に、2015年度から起業志民プロジェクトは始まった。都市的な「住んで楽しい」という社会を追求するのではなく、ミレニアル世代の若者たちが求める、やりがいがあり「楽しく働ける」という世界観を現出させる。まちづくりをするうえで、この視点はこれから重要なファクターになって来るものと考えている。

地域の未来をプロデュースする

人口減は、社会に大きなインパクトをもたらしている。高度成長期を中心とした人口増の時代には、GDPや税収も右肩上がりで伸び続け、社会の変化をある程度予測しやすい環境にあった。一方で、人口減少が前提となった現代において、未来を見通すことは非常に難しくなっている。

パソコンの父と呼ばれるアラン・ケイは「未来を予測する最善の方法は、それを発明することだ」と述べている。決まった結末がないのが現実社会の鉄則である以上、未来の可能性を描き、そこに至る道を敷いていくことができる。未来は、現代に生きる私たちの手で創られるものなのだ。

起業志民プロジェクトが目指しているのは、まさにこの地域のあるべき未来を描くことだ。住む地域にとらわれることなく、自由に、楽しく、望む仕事をすることができる。そのためのプラットフォームとして最適なのが、他ならないITなのである。

人口減という国全体のトレンドを、短期的に変えることは困難だ。そんな情勢下での基礎自治体のやるべきことは、人口は減るものだという社会の新たなトレンドに適応しながら、地域における見たい未来を創り出すことに他ならない。

手を尽くして、地域にとってあるべき「楽しい」未来を発明しよう。そんな未来はもう、八幡平市から始まっているのだ。

やれることは全部やる——地域商社の設立

宮崎県新富町　岡本啓二《おかもとけいじ》

1976年生まれ。1999年新富町役場入庁。農業など数々の部門を経験し、自ら企画・設立した一般財団法人こゆ地域づくり推進機構の執行理事を務める。「10年で100億円の経済効果の創出」を目標に活動。

ふるさと納税を活用し、街の起爆剤となる法人の設立

新富町《しんとみ》は、宮崎県の沿岸部で県の中心に位置しており高台の畑作地、平坦な水田地帯にはビニールハウス団地などを有した人口1万7千人弱の農業産業が盛んな田舎情緒のある町だ。少子高齢化による人口減少、若者の流出、財政難などの多くの自治体の課題が新富町も例外なく存在し、徐々に疲弊していた。そんななか2016年にまちおこし政策課に配属され、当時の町長から「役場だけではまちおこしに限界がある、街の起爆剤となり新富町と両輪で動ける法人団体を設立してほしい」と依頼を受け、法人設立の企画を始めることとなった。しかし、企画は立案できるとしても開業の運転資金がないという問題に直面する。そこで私は当時年間の寄付額がたった2千万だったふるさと納税に目を付け、ふるさと納税を伸ばしその一部を開業資金に充てるという計画を実行した。やれることは全部やる！という精神で職員と共に突っ走り、何とか1年間で20倍の4億円に伸ばし、法人設立の運営資金に目途がつき、

2017年に地域商社（一財）こゆ地域づくり推進機構（こゆ財団）がスタートした。私は創業メンバーとして執行理事に就任した。

一粒1千円のライチを開発し、ライチの町へ

移住促進や観光振興、商品開発などやらなければならないことはたくさんあるが、まだまだ生まれたての団体で成功していくには遠い道のり。そこで我々は「弱者の戦略」をとり新富町の特産品であるライチに集中し、ブランド化を進めていった。地元ライチ農家との密な連携、競合果実に関する徹底的な調査、都内での飛び込み営業、イベントの開催などやれることは全部やり、ライチ＝新富町というイメージを全国の方々に発信した。

新富町は観光地と呼べるような場所はなく、県内でも通過点の町と言われており知名度がほとんどなかったが、ライチの収益向上に加え、多くのメディアに掲載され訪問者が増えた。新富町への移住や関係人口を増やすきっかけができ、2018年には11名の若い移住者が誕生することになった。

移住者と地元の連携

移住者と地元民との融合で新たな事業が産まれる

現在、新富町では色々な方が移住し、地元の方と連携してさまざまな事業を産む土壌が形成されつつある。

新たに生まれた事業には野菜カフェ、プログラミング教室などさまざまあるが、一例を紹介すると、青パパイヤで人々を健康にしたい！という自分の夢を具現化するため移住した方は、地元の農家と連携し青パパイヤを生産、商品化し販売している。新富町は青パパイヤの産地ではなかったが、新作物として農家の方々も興味を示しており今後が期待できる。また、古民家を運営したい！という移住者は新富町の使われていない古民家を借り、ＤＩＹしながら古民家の運営を進めている。移住者へのこゆ財団の伴走により多種多様な人材が地元民と連携し、これからもどこかでさまざまなチャレンジが常に発生し、イノベイティブな発想が生まれやすい土壌になる。そうなれば新富町の未来を自身で作り、地域経済が循環する社会の実現を達成できると確信している。

パパイヤ畑にて

地元農家の発想がきっかけで農業ベンチャーが誕生

新富町は農業の町である。その思いから企画したアグリバレー構想により、新富町では地元農家グループとさまざまなテクノロジーの実証実験を促進し、テクノロジーと農業の融合へのチャレンジをしている。事業スタートのキックオフイベントにはなんと県内外から100名以上の農業ベンチャーや行政関係者、農業関係者、地元農家が来られた。そのなかで地元農家のアイデアにより現実的な収穫ロボットを作るという事業が2019年からスタートし、その結果、ピーマンの自動収穫ロボットを開発する新富町で初の農業ベンチャー「㈱アグリスト」が誕生することになる。このように田舎の農業産業にもチャレンジと未来を創るための変革が始まっている。

これからも小さな変化の点を増やし、変化に柔軟な地域を築き、人口減少に負けない土壌を楽しみながら作っていきたい。

移住者に活用された古民家

庁外に広がるチームといっしょに

――広報誌いごく

福島県いわき市　猪狩《いがり》僚《りょう》

2002年入庁。建設ハード部門を経て、2009年から財政課で予算査定、2013年から行政経営課で、震災後の復興と市の総合計画の改定を担当。2016年、キャリア初の“福祉”、地域包括ケア推進課へ異動。

いわき市の地域包括ケア推進課は、2016年に介護保険課の介護予防係をベースに新設された部署。当時は今よりもっと「地域包括ケア、はぁ?」って感じだった。新設部署で業務もカチッと固定されてなかったことも手伝って、1年間、ほぼ毎日、あらゆるところへ顔を出しまくった。

初年度の印象的なエピソードを一つ。お医者さんや薬剤師さん、介護の専門職の方々が集まる勉強会に行った時のこと。当然、初めて。職種だけでなく、所属する会社や法人を超えて、集まって勉強会をしていることにまずはびっくりした。受付で会費500円払って参加。それぞれ自分が携わった事例を発表していくなかで、1人のケアマネジャーさんが、泣きながら反省し、発表しているのを見て、驚きはピークを迎える。

①1日の仕事を終えた夜に、職種や法人の垣根を超えて、勉強会に集まる。
②会費を払ってまで集まる。
③専門職がそれぞれの知見を持ち寄りながら学び合い、さらに涙を流すほどの反省と情熱

「なんじゃこれー」。公務員も含め、医療・介護に従事している方々がこんな情熱を持っていることを知る機会はあまりない。だから、この業界のこの情熱を、少なくとも発信はしたいと思った。

1年間、いろんな所に顔を出し、さまざまな人・取り組み・思いに出会っていくなかで、医療と介護のこと、いわきに暮らす、メチャクチャ元気で素敵で楽しくてたくましいじいちゃん・ばあちゃんのこと、そこから、いつかは必ずやってくる老いや死のことを少し考えたりする情報発信・メディアを持ちたいと思い、2年目から、「いごく（いわきの訛りで〝動く〟の意味）」というプロジェクトを始めた。

①40～50代で
②親の介護や看取りはこれから
③仕事も子育ても忙しい

という自分と同じような人たちをメインターゲットに設定した。「介護、看取り、知らねえよ。まだ親も元気だし。仕事も子育ても忙しくて、全然、興味ない」といった人たちに、記事を読んでもらい、冊子を手に取ってもらえるか。そこで、情報発信をどこかの業者に、そっくり委託するのではなく、自分と同じような年代で、同じように医療・介護を知らないメンバーを集めて、チームを作ろうと考えた。「自分だったら、この記事、読むか」「この冊子、手に取るか」の基準を共有できるメンバーを求めた。

そんな時、近所のスーパーで、地元のカマボコメーカーの商品に目が留まった。地元の昔ながらのかまぼこ屋なのに、パッケージがかっこいい。らしくない（笑）。かまぼこ屋さんに訊いたところ、いわき市在住の元従業員がデザインしたとのこと。早速、その人に連絡して会うことにした。

かまぼこ屋を辞めて、今はフリーランスのデザイナーをしているとのことで、これまでの経緯や、福祉の情報発信をしていきたい旨を伝えると、「面白そうですね、一緒にやりましょう」と。「でも、俺デザイナーなんで、写真を撮ったり、取材して記事を書いたりはできませんよ」とも。そうだ、業者に一括発注ではなく、チームを作ると決めたんだった。フリーランスのライターと、元々は東京で映像制作をしていたけれど、家業の印刷会社を継ぐためにいわきに戻ってきた印刷兼ディレクターの2人と出会い、口説き、計4人のチームの結成となった。

発注→受注の形も一般的なものとは少し違い、カチッと定まった仕様があるわけではなく、とりあえず、1年間足を使って出会ったさまざまな人や場所へ、チーム全員で行くことから始めた。ホームページを作る、冊子を作ることが目的ではなく、受け取ってもらい、縁起でもないと言ってタブー視せずに、必ず訪れる「老い」や「人生の最期」を考えたり、話し合ったりする社会を目的とし、「その目的のために何をやるべきか」からチームで考えていきたかった。

近所の一人暮らし高齢者のために、月に1回、温かい料理を作り、総勢30人ぐらいで昼ごはんを食べる活動をしているおばちゃん軍団などの所へチームみんなで行き、おばちゃん達の手伝いをし、みんなでヨガをしたり、和菓子を食べ、話を聞き、写真を撮るといった取材の日々から、「いごく」は誕生した。

東日本大震災の津波で家業の和菓子屋と自宅を失ったのに、店を再建し、孫が修行を終えて帰ってくるまで頑張るという89歳の現役和菓子職人

ウェブを立ち上げたら、「ウェブってなんだー、俺のこと記事にしたのに、俺、読めねぇぞ」と言われ、フリーペーパーを創刊した。「記事で読んだおばちゃん軍団の料理を食べたい」との問い合わせから、直接体験型の「いごくフェス」というイベントも生まれた。

和菓子屋のじいちゃんが盆踊りのチームを持っているので出演してもらい、おばちゃん軍団には屋台で出店してもらい、入棺体験したいと言って地元の葬祭屋さんに協力してもらい、遺影になるかもだけど、元気なうちに素敵な写真を撮っておきたいと言っては著名なカメラマンにほぼノーギャラで協力してもらうといった感じで、こんな社会にしたい、だからこんなイベントにしたいとまっすぐ思いをぶつけて、それに協力してくださる人たちと、チームの輪を少しずつ大きくしながら手作りで続けている。

手段が目的になっていないか、実現したい目的は自分や役所だけの独りよがりなものになっていないか、その目的を達成するのに、役所だけでやり切ろうとしないこと、むしろ、やりたいこと、実現したい社会に対し、自分たちだけではできないので、手伝ってくださいと言えること。

そして、何より、自分が生まれ、暮らし、働いているこのいわきに、こんなにもステキな人たち、先輩方がいた、そして出会えたということ。

4年間在籍し、「いごく」というプロジェクトを通して、こんなことを大切に思うようになった。

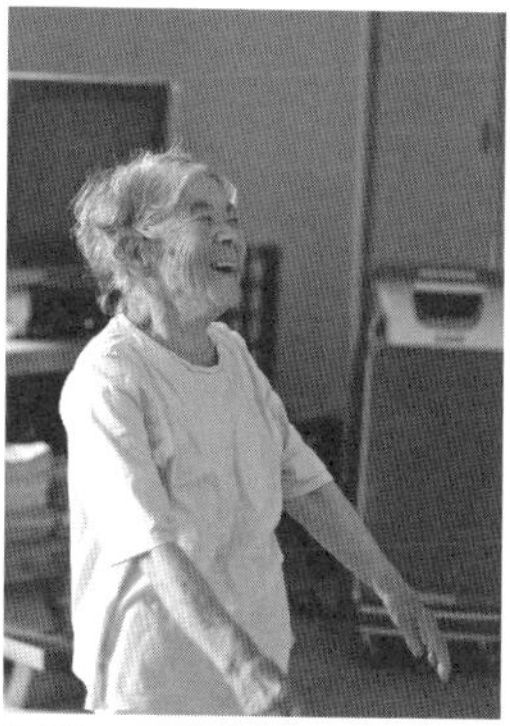

93歳のヨガの達人

やってみなくちゃ、わからない――言葉の力

三重県大台町　西出《にしで》覚《さとる》

1975年生まれ。1999年度大台町役場（旧宮川村役場）に入庁。企画課、産業課勤務のなかで地方公務員として地域と関わる大切さを知る。

大切にしている言葉

私は、まちづくりに関わるなかで、要領が良いほうでもなく、アイデアが湧きだすタイプでもない。しかし、幸いにもこれまで多くの方々にお会いでき、お世話になり、多くのご教示を頂いてきた。そのなかで大切にしてきたいくつかの言葉がある。「やってみなくちゃ、わからない」「やった者しかわからない」「走りながら考えろ」という言葉である。私なりに大台町が「こうなったらいいなぁ」という妄想レベルで頭に浮かんだ時、どんな小さなことでも良いからその妄想に向けて動くようにしている。良くも悪くも動いた結果を知ることができ、体験できる。もし、結果に手応えがあれば、さらに進んでみる。こうした体験は、まさしく試みた者しか理解できず、共に体験できた方々以外に伝え、共有することは、非常に難しい。この妄想に近づくことは、失敗や困難がつきもので、ためらいがない、と言えば嘘になるが、これらの言葉が私の背中を押してくれる言葉となっている。

そして、次の段階へ進む際、町民の方々と一緒に考え行動するなかで肝に銘じている言葉もある。「役場職員を医者と喩えよ。頭が痛いと言って訪れた患者に胃薬を渡すような医者ではいけない。役場職員も同じである。課題を的確に捉えなければ、導かれた答えは全然違うものになりがちだ。よって、職員が行う施策は、地域にとって良薬にもなれば劇薬にもなりうることを知れ」である。「町は生き物」との言葉とも重なる。地域の的確な課題は、地域に〝飛び出す〟ことでしか見えない。最適な〝処方箋〟を使えるような職員でありたいと常々、心にこの言葉を置いている。

また、私にとってショックな言葉も肥やしになっている。旧宮川村と旧大台町が合併したての頃、当時の町長が国の方と会われた時、その方から「大台町はどんな町ですか？」と問われ、町長は「日本一の清流宮川が流れ、美しい水が自慢の町です」と答えられた。するとその方から「きれいな水が流れる町はどこにでもあります」と言われたそうで、町長自身がどう思われたかはわからないが、私は非常に悔しい思いをした。同時に「そりゃそうだ」という納得のいく悔しさだった。かけがえのないものに違いないが、大台町の個性としては弱い。

そんななか、大台町全域を大台ヶ原・大峯山・大杉谷ユネスコエコパーク（Biosphere Reserve）として登録する業務に携わった。ようやく「美しい水が流れ、自然豊かな町」であることをユネスコという国際機関からお墨付きを頂いた。しかし、このお墨付きを町民の誇りに繋げるには、まだほど遠い。この取り組みの目的は、「自然と人間社会の共生」であり、今風に言えば〝持続可能な地域づくり〟である。この言葉を考えると非常に多岐に渡るが、町民が暮らしやすさを求め、「想いや願いを遂げるためにやりたいことをやれる環境構築」が、大台町を誇りに思うきっかけになると信じている。

大台町を知り未来を語ること

これまで、私は、何も知らない大台町を「地元学」や「集落ビジョンの策定」などの機会を通して学んできた。このなかで、私に町のことを教えてくださった町民の方々と危機感や課題、目指す方向性を共有させて頂いた。私なりの地域の〝見立て〟と実際の地域のギャップを確認しながらの作業である。こうすることで、その地域を見る力が養われるそうだ。だいたいこんな地域かな？と思っていると全然違う発見があるので、まだまだ私の見立ては未熟である。しかし、この〝見立て〟は、地域に限らず、何かに取り組む団体や企業、学校などさまざまな現場に役立っているように感じている。こうして、地域を調べ、未来を語ることで、さまざまな取り組みが起こった。それらは、すべて地域の方々による手作り事業である。住民それぞれの地域への想いが起こした取り組みである。

地方創生、地域の持続可能性、SDGs

私は見出しにある三つの言葉がありがたい。理由は単純で地方向きだと感じるからである。前向きにとらえ過ぎかもしれないが、国や世界がこうした言葉を掲げてくれることはとても大きな後ろ盾となる。

大台町では、最近、新生児の数が毎年50人前後となってきている。町の大切な未来の担い手に今のうちに大台町を知って好きになってもらいたい一心で、「たんけん、はっけん大台町」という教科書づくりを担当した。小学校３、４年生対象の社会科の副読本である。自分が生まれ育った町に興味と誇りを持って、成長していって欲しいと願うばかりである。

当町でもご多分にもれず、空き家の増加が課題で、２０１２年度から空き家バンクなどを創設し、以来、さまざまな形で空き家等が活用され、民泊やカフェなど今までになかった小さな生業も生まれている。そうした流れもあり、有志団体が発足した。メンバーに共通することは空き家を活用し、生業を起こしていることである。メンバーは、木工作家、デザイナー、ＩＴ、設計士、経営者、など多彩だ。空き家という負の遺産を地域活性化の一助として捉え、大台町へクラフトマン（大台町でさまざまな活動を興す人）を招致し、地域の持続性を高めようと取り組んでいる。じわじわとそういった方々から注目度が高まっている。移り住んできた方々の能力が大台町で融合したときどんなことが起きるのだろうか。この先がとても楽しみな取り組みである。

想いをカタチにできる町を目指し、今後もそれらの取り組みに関わらせて頂きたい。何も特別なことを目指さなくても、日常（褻《ケ》）をいかに鍛えるか？それが大台町の個性を伸ばすと信じ、「人・もの・場（地域づくりの３要素）」を共働して創りあげていきたい。

副読本を手にする子どもたち

飛び出して得た立方体ネットワークを活かす

沖縄県与那原町　前城《まえしろ》充《みつる》

32年間務めた南風原町役場を3年前に退職し、現在は与那原町役場に勤務。公共交通や子どもの貧困対策、スマートシティなど幅広い分野に取り組む。2019年から政策調整監。

「まずは動け、そして考えろ」、これが平成時代を駆け抜けた私の公務員人生のモットーです。物事には時期とタイミングがあり、それを逃すとせっかくのチャンスを失ってしまいます。特に新しい事業に取り掛かる場合、いろいろ考えすぎて100点に近づけてから実施するとすでにニーズがなくなっていて、準備していたことが無駄になる場合もあります。

私たちは失敗を前提に仕事をしていないので、60％程度の準備を整えたらまずは動き出してみる（「60点主義」）、もし改善すべき事項が出てきたら、その都度修正をして前に進める。そのときに役所以外に多彩な人的ネットワークを持っていると、精度が高くかつ先を見通した内容を整えることが可能になります。この多彩な人的ネットワークを私は、「立方体ネットワーク」と呼んでいます。点でも線でも面でもない、立方体で構築されたネットワークは縦横斜め、上下左右につながっていて、一つ物事を動かすといろいろな方と連動して物事を整えることができます。この「立方体ネットワーク」を40代までに構築しておくと、後半の公務員人生において面白いくらいいろいろな施策展開ができるようになります。

では、「60点主義」と「立方体ネットワーク」に関する私の体験談を、紹介させていただきます。まずは南風原《はえばる》町で取り組んだソフトの部分です。

子どもの貧困対策に取り組む

「沖縄30％」「全国平均16％」。この数値をご存じでしょうか。内閣府が2015年6月に発表した子どもの貧困率です。沖縄はなんと全国平均の約2倍もあり、3人に1人が貧困状態という実態について地元新聞でも特集が組まれ社会問題化しました。私は当時、南風原町役場のこども課長として、この問題に関わることとなりました。

子どもの貧困問題を考えるとき、経済的な貧困だけで捉えると状況把握を見誤る事があります。たとえば親の離婚などの家庭環境の変化、潜在化しているネグレクトや性被害、親の発達障害、DV、このように子どものまわりに起こる事案が、子どもの生活に直接影響を与えます。その影響が小中学生であれば登校しぶりという形で現れる場合が多々あり、それが続くと不登校となり、適切な支援がなければ非行へ向かうこともあります。さらに非行は中卒、若年出産にも繋がり、その状態が親子、あるいはそれ以上の世代間での連鎖に繋がっています。

このような現状を踏まえ、私たちは憲法25条の条文を「すべての南風原町の子どもたちは、健康で文化的な最低限度の生活を営む権利を有する」と読み替え、1人では権利の行使が難しいこのような状況にある子どもたちを救うのは私たち行政の義務であり、税金を投入して施策を整える必要があると考えました。いわゆる誰一人も取り残さない施策の展開です。

しかし、「まずは動け、そして考えろ」で取り組みを始めたものの、子どもの貧困対策に関する事例が県内にほとんどなかったため、私は「立方体ネットワーク」を最大限に活用して京都での事例にたどり着き、そこを参考に2016年に365日支援を行える「南風原町子ども元気ROOM」を町内に2か所設置しました。情報がほとんどない状態から短期間で施策を整えられたのも、やはり人と人との繋がりから得られた情報があったからです。

これまでの経験とネットワークをフル活用

次に、与那原町《よなばる》で取り組んでいるまちづくりに関する事例を紹介します。

私は、2019年4月に与那原町役場に転職（政策調整監）しました。与那原町は東海岸に面した町で、マリンタウンという埋め立て地には新興住宅街が形成されています。そこには未利用の県有地があり県の事業として国内外からの誘客を見込める大型MICE施設（展示会やコンサートなどを行える施設）の建設が予定されています。それに加えて新たに三つ星クラスのホテルやバスターミナルの建設予定地もあり、完成すると近未来的な都市空間が生まれます。

現在、私のところには、これまで構築した「立方体ネットワーク」を介していろいろな方が最新の情報を届けてくれます。特に再生可能エネルギーを活用したまちづくりについて大手の自動車メーカーと新電力会社から提案を受け、少しずつですが実現に向け動き始めています。また、エリア内には水溶性天然ガスの埋蔵も確認されているので、その活用も模索するとともに、再生可能エネルギーの太陽光発電を推進しそこで得られたエネルギー利用のデータを取りまとめ、今後のマリンタウンのまちづくりに活かしたいと考えています。

さらに、マリンタウンにはマリーナやビーチがあることから、訪れた人たちがゆったりとした時間を過ごすことができる「住んでも、訪れても居心地がよいまち」を実現するため、国交省が推進している「ウォーカブルシティ（居心地がよく歩きたくなるまちづくり）に着目しました。私は、「立方体ネットワーク」を介し、国内でウォーカブルシティの推進に関わっている東京大学の先生とも繋がることができ、先生から最新情報を提供していただいています。また、歩道等の整備だけではなく、来訪者の滞在中の利便性の向上のため、キャッシュレスやＭａａＳなどの研究も関係者と連携して進めているところです。

あと、これらの施策と併せてもう一つ重要な取り組みが公共交通の再構築です。大型ＭＩＣＥ施設には催事のたびに大量の人の移動が伴いますので、その移動をスムーズに行うためには広域的な公共交通施策が必要になります。マリンタウンを中心とした広域的なまちづくりでもネットワークで繋がっている方々の知見を借りつつ、建設的な議論を進めているところです。

平成時代を駆け抜けた私の公務員人生も残りあと2年です。「まずは動け、そして考えろ」をモットーに、常に外に飛び出して情報を得続けてきたことで得られた「立方体ネットワーク」は、今の仕事を進めるための大きな財産となっています。これから先の公務員の仕事もやはり人とのネットワークの重要性は変わらないと思います。ぜひ積極的に外に出て、多くの人と繋がってほしいと願っています。

55

私を生かして、地域を活かす

山形県置賜広域行政事務組合
齋《さい》藤《とう》拓《たく》也《や》

２０１４年に総務省主催の地域づくり人財塾を受講したことが、地域の仲間づくりと、業務での新しいチャレンジのきっかけとなった。

受講後、自己研鑽のために人財塾講師の豊重哲郎氏が主宰する第17期やねだん故郷創世塾に参加し、豊重塾長の「公務員はコーディネーターであれ」という言葉から、ヒトやコトをつなぎ合わせる大切さや、目くばり、気くばり、心くばりを学んだ。学んだことを大切にして、地域のことや仕事に、前向きに取り組んでいる。

業務では、同じく人財塾の講師であった前神有里氏を招き、地域活性化センターの支援も受け、置賜地域の新たな広域連携と人材育成実践の最中である。２０１９年度からは、東京都港区との遠隔自治体間連携「おきたま×みなと開港プロジェクト」が動き出している。

住民向けには、２０１６年度から坂倉杏介氏を講師に招き、「人と地域をつなぐ事業」を始めた。受講者は、地域のために活動するのではなく、「私を生かして、地域を活かす」という発想の転換、共感から新しい価値の創発に気づき、さまざまな活動を始めている。

人と地域をつなぐ事業公開講座

また、この事業がきっかけとなり、大学生や港区芝地区にある芝の家、世田谷区尾山台おやまちプロジェクトとの予想もしていなかった交流が生まれ、ゆるやかなつながりが続いている。

これからも、「私を生かして、地域を活かす」という発想を大切に、人と人、人と地域をつないで、さまざまな活動に取り組んでいきたい。

56

参加者だけでなく運営側も楽しめる—支え愛ひろば

東京都品川区　森島《もりしま》慶介《けいすけ》

私は華やかな経歴・経験があるわけでもなく、日々もがきながら、体当たりで仕事に取り組んでいる泥臭い職員だ。ただ、そんな私でも、「自分の仕事で世の中が1㎜でも良くなってほしい」と密かな熱意を持ちながら仕事に取り組んでいる。

元々、熱意を上手く仕事にぶつけられていたわけではない。変化のきっかけは、中小企業支援を担当している時に、尊敬する先輩から産業振興の勉強会に声をかけてもらってからだ。役所の外に飛び出し、企業訪問や他の組織・団体の方にお会いする機会をいただいた。この経験のなかで、情熱や夢がある人は楽しそうに仕事をしている事に気づき、漠然とではあるが、私も自分の仕事にもっと熱意をぶつけたいと考え始めた。

さらに、こうした社外活動が仕事に良い影響をもたらした。現在所属する地域センターでは、「高層住宅が立ち並ぶエリアで住民同士の顔の見える関係をつくり、多世代が交流するきっかけづくりがしたい」という思いから、フリースペース（通称：支え愛ひろば）を地域の方と協働して実施することになった。事業の様子は区のHPをご覧いただきたいが、毎回参加者には好評をいただいている。この事業は、「できる人が、できる時に、できる事をやる」という裏コンセプトもあり、参加者だけでなく、運営側もゆるく楽しめるような場所になっている。実施に際しては、前述の勉強会等で学んだ知見が役に立ち、そして何より熱意を地域の方と共有できたことが大きかった。

積み上げた小さな経験同士が思いもよらない所で繋がることがある。これからも日々楽しく、もがき続けていきたい。

支え愛ひろばの様子

「金山の時間」で紡ぐ新たな関係づくり

山形県金山町　丹《たん》健《けん》一《いち》郎《ろう》

山形の小さな町が繋ぐ「暮らし」を伝える

山形県金山町は観光よりも暮らしという言葉が似合う、人口およそ5千人の小さな山里です。金山町には四季を通し、多くの人たちが訪れます。その時、金山の「自然」や「人」「暮らし」が訪れた人へのおもてなしとなっています。

K-hour 金山の時間

この思いを具現化し、金山町の「モノ・コト・ヒト」を繋ぎ、地域内外へと輪を広げるために制作したのが「K－hour　金山の時間」です。この冊子は、観光スポットや食の情報だけはなく、インターネットなどでは知り得ない、町に暮らす人の思いにふれる「暮らすように旅をする」という言葉をコンセプトとしています。

冊子制作には、町民の方々のほか、金山には縁もゆかりもないけれど「金山が好き」という気持ちで積極的に関わってくれる学生たちにも協力を頂きました。

そんな学生たちと一緒に活動するなかで、移住でも観光でもない「関係人口」という言葉を意識する機会が増え、「K－hour　金山の時間」を活用し、今までとはちがう、新たな「交流」や地域との「ゆるい繋がり」の形を模索していく必要を感じました。

金山と「新たな関係性」を紡ぐスクールの開講

現在、新型コロナウイルスの影響がありますが、この時期を前向きにとらえ、都市圏に住む方々を対象とした、「カネヤマノジカンデザインスクール」を開講し、金山を知り、感じ、新たな関係性を生む取り組みを行っていきます。

金山に関わる人と金山との関係の多様性をヒントに、引き続き、金山らしい「暮らし」を見つけ、未来へ繋げる取り組みを進めていきます。

現場と伴走する「半官半Ｘ」の働き方

島根県海士町　濱中《はまなか》香理《かおり》

　私は２００２年に故郷の海士《あま》町に帰り、海士町役場に入庁した。当時海士町は建設したばかりのフェリーターミナルの一角に役場の出先機関として攻めの産業３課（地産地商課、産業創出課、交流促進課）を設置。私は地産地商課に配属されたが、町の直営店を複数抱える施設ということで、農産品直売所では、朝６時頃から島内の生産者を回って野菜の集荷を行い、その他にもレストランでの地産地消メニューの開発や特産品販売店での販売支援など、直営店舗の現場をマルチに回りながら、３年間産業振興に携わった。

　２００５年からは産業創出課に異動、産業振興の目玉として整備された農林水産加工施設「ＣＡＳ凍結センター」に配属された。新たに第三セクターも設立され、社員の皆さんと席を並べながら、特殊な凍結技術を活用したＣＡＳ事業の立ち上げに携わった。当初は活きたイカを凍結するという高鮮度の商品づくりに取り組んだが、漁師から活イカを入荷するため漁期には朝４時起きの生活となった。一方で販売面については思うように売上が上がらず、苦しい時期が続いた。慣れない営業活動で取引先のバイヤーに叱られることもあったが、現場と向き合いながら役場職員としてできることを考え取り組んだ。結果的にＣＡＳ事業には10年間携わることとなったが、粘り強く続けることで事業も何とか軌道に乗せることができた。何より地元漁業者の所得向上に大きく寄与できたことが嬉しい。

　新たな挑戦はなかなか芽が出ず住民の理解も得にくいものだが、だからこそ役場で決められた仕事だけでなく、地域に飛び出し現場の人と伴走しながら新たな挑戦を生み出す「半官半Ｘ」的な働き方が海士町では求められている。私自身さまざまなことに翻弄されたが、今思えばそうした経験が自分の成長（人づくり）にも繋がったし、故郷に対する志も年々醸成されてきたように思う。こうした実感を大切にしつつ、これからも現場と共に挑戦し続ける公務員でありたい。

皆が居心地のいい絵本のお部屋をつくる

秋田県由利本荘市　加藤淳子《かとうあつこ》

私が地域をテーマに活動するきっかけは、偶然から起こりました。2014年8月、友人から誘われて参加した「由利本荘《ゆりほんじょう》若者会議」の集まりで、初めて付箋と模造紙を使ったワークショップに触れ、自分の考えを発露することがとても楽しく居心地がいいと感じたことが始まりです。当時、図書館に所属しており、住む人のリアルな声を聞くために外部の人とのつながりを作りたいと思っていたことも重なり、そこから仕事以外のつながりが広がっていきました。

若者会議では、県内の同年代の人たちと地域を楽しむことを企画しました。それは、一人ではできないことを実現できる場であり、いずれ自分が何かをしたいと思ったときに動くための練習の場でした。私自身、若者会議に勇気をもらい、あるイベントで絵本をテーマにした子どもたちのための場を作ることができました。人とのつながりやそれまでの練習がなければ形にできなかった挑戦で、今でも大切にしている経験です。

私の夢は「いろんな人に居心地がいい絵本のお部屋」を作ることです。一人では夢に終わっていたことですが、現在、知人の力を借りて、本がある居場所づくりを進めています。

こうした活動で仕事と無関係であることは、何一つありません。どこに配属されても、職場外の活動が仕事に生き、仕事の経験が職場外の活動を充実させてくれます。生活と仕事は表裏一体だと感じています。ある時、「なぜそんなに気持ちが冷めないのか？」と、職場の先輩に問われました。そう見えるのはきっと、職場の中と外に行き来できる場があるからだと思います。

「計画された偶発性理論」と言われるものがありますが、振り返ると偶発が次の偶発を呼ぶ出来事ばかりでした。いつかの出会いが、思わぬところで実を結ぶこともたくさんありました。私の力だけでは起こらない幸運ばかりですが、これからも、この偶発を加速させていき、動き続けていきます。

「ご縁」でつながる図書館

千葉県山武市　豊山希巳江《とよやまきみえ》

私は図書館司書です。小さな図書館なので、なんでも屋さんです。カウンター業務やイベント企画など、本に係る仕事はもちろん、庶務の仕事も担います。

20代は図書館という箱の中で、ルーチンワークをこなすだけの毎日でした。転機は「ご縁」でした。図書館にこもっていた私には市役所職員と話す機会はほとんどありません。ですが、オフサイトミーティングや職員合唱団に顔を出すようになり、輪が広がり、「全国地域づくり人財塾」で学ぶきっかけをいただきました。全国各地で種をまき、花を咲かせている多くの先輩、仲間との出会いもご縁です。「人の力を合わせたらきっといい地域を作れる！」と思えるようになりました。価値観も、アイデアも人の数だけ生まれます。それを一緒に考えられる公務員司書になりたいと思ったのです。「役に立つ図書館、貸出が多い図書館」と、漠然と考えていた目標も、全国の事例を学び、市民の皆さんと向きあって話す機会が増えたことで変化しました。想像していなかった図書館の可能性に気づくことができたのです。今の目標は、「こんな図書館がある山武市が大好き」と言ってもらえることです。

地域は人が創るものです。尊敬する豊重哲郎氏の「地域に補欠はいない」という言葉を常に心にとめ、今まで学んだことを還元しながら、自慢の地域を創るお手伝いを図書館で伴走していきたいと思っています。

私のモットーは「ツナガル」です。異なるフィールドの方と話し、向き合うことで新しいご縁ができるという意味で使っています。市役所の施策からもツナガル機会を頂いています。一つは、エコノミックガーデニングです。地元経営者の方たちと地域活性化について語り、ビジネス支援図書館について学び、アイディアを実践する連携が生まれました。二つ目は、転倒骨折予防プロジェクトです。市民団体の方や社会福祉協議会との連携で「体も心も元気なシニア世代」を応援しています。

61

勇者と共に仲間探しの旅—縁側カフェ「えん」

愛知県津島市　植木《うえき》美千代《みちよ》

2017年3月。上司から「地域の居場所づくり」の特命が告げられた。「どこで誰が運営するんですか？」の問いに「そこから考えるんだよ」との答え。

普段は決められた枠の中でいかに良いモノを作るかを考えていたのに、いきなり放牧された迷える子羊の気分である。しかし、これがラッキーであった。誰かにやってもらうのではなく、やりたい誰かを探せば良いのだ。こうして迷える市職員（私）は、ありとあらゆる場で人を探し、とにかくさまざまな人に声をかけた。

すると、「食の提供を通して地域のつながりを作りたい！」と名乗りを上げる勇者が現れた。しかし、いざ勇者が現れると心配になる。メリット1に対しデメリット10を話すが、勇者の意思は変わらない。勇者と職員は手を取り合い、仲間探しの旅に出ることとなった。

勇者の住む地域住民との最初の話し合い。「行政はなんでも地域に押し付けるのか！」と壁が立ちはだかる。行政が欲しいものではなく「住民が欲しいもの、やりたいことは何か」を、とことんみんなで話し合う。すると、住民Aが実は賢者で、住民Bが工芸職人であることも見えてくる。壁と見えた住民は、いつしか勇者を守り育てる城壁となった。ここまでくると各々が考え動きす。コロナ禍には天使たちが颯爽と現れ、手作りマスクが出現した。職員の出る幕もない。

縁側カフェ「えん」と仲間たち

さて、この街の噂を聞いて別の街に勇者が誕生したようだ。今日もまた、市職員は新たな物語の旅に出る。

魅力があるのに誰も通らない商店街

高知県香南市　田中菜生《たなかなお》

2020年から香南市の商工観光課の配属となった。今まで「こうち人づくり広域連合」という高知県内の公務員の研修組織に出向させていただいたり、姉妹都市の沖縄県八重瀬町役場へ交流職員として派遣されたり、市役所から外の世界に飛び出させていただいてきたが、地元の課題解決に尽力できていないという悩みがあった。

そのなかでも、係わらせていただいている地域の一つに「赤岡町」という街がある。

昔は、商業の街として栄え、銀行、スーパーなどが集まり、人が行き交う活気あふれる場所だった。現在は、猫一匹も通らないと商店街の人々が悲鳴をあげる場所になっている。

しかし、街の外から来た人は「魅力的な場所だ！」……と声を揃えて言う。

たとえば、「おっこう屋」という骨董屋と雑貨屋をミックスしたお店には、人が来たら奥へ呼び込み、お茶を振るまう店主がいる。この店では一見さんも常連さんも分け隔てなく対応されるので、「なんだか嬉しい」とお客さんは話される。

また、赤れんが商家では、古き良き建物を当時の様式で復活させようと頑張っている団体がいる。弁天座という、約300席の芝居小屋には、小さいことに良さを感じてくれた市川海老蔵さんが歌舞伎に訪れるなど……と、話をすると魅力ある街なのだが、平日は誰も街を通らないのだ。

毎年、街の商店街で行われている「冬の夏祭り」も2020年はコロナ禍で自粛し、中止となった。しかし、住民たちは手作りの地蔵（JIZO）を街の角々《すみずみ》に置いて、見に来てもらう（だけ）のイベントを開催した。密を避け、コロナ禍でもできることから行っていく、その姿に脱帽である。

これからも地域の皆様に寄り添い、「人が行き交う赤岡町」へ、を応援していく。

地元愛溢れる若手経営者たちと共に

（公社）奈良市観光協会（奈良県奈良市から）
胎《たい》中《なか》謙《けん》吾《ご》

　飛び出し先を探していた十数年前。生まれも育ちも奈良市で地元愛が強く、仕事外でも奈良に貢献したいという思いがあり、初めて近所の川掃除に参加。しかし、他にも飛び出さなければという思いが先行し、隣町のまちおこしなど活動を広げていき、本当にやりたい奈良での活動は後回しになっていた。そんななか、全国の飛び出す公務員が楽しみながらいきいきと活動する姿を見て、これまでの活動を振り返り、一番やりたい活動をするのが大切だと気づいた。

　現在、奈良市役所を飛び出し、公益社団法人奈良市観光協会に出向中だ。観光客誘致の企画や広報を担当し、地元観光事業者や社寺との関わりが多い。より良い奈良のまちづくり、ひとづくりをめざし、一般社団法人奈良青年会議所の理事としても活動している。青年会議所は全国に約７００ある団体で、40歳までの青年経済人がまちづくりなど社会貢献活動を行っている。全国には、私と同じく青年会議所で活動する公務員も多い。奈良青年会議所では奈良市事業への協力や青少年育成事業実施をはじめ、世界遺産薬師寺の行事のご奉仕、８５０年以上続く伝統行事「春日若宮おん祭」参加、毎年90万人以上が訪れる夏のイベント「なら燈花会」のスタッフなど、これぞ奈良という活動ができるのが魅力的だ。約50人のメンバーには地元経営者のほか、商店街や観光関係者、世界遺産社寺の神職や僧侶が在籍していることも奈良ならではである。職種は違えど同世代の地元愛溢れる同志との活動は身が入る。

奈良青年会議所主催、小学生向け奈良のお仕事体験イベント

　青年会議所の繋がりを仕事に活かすことができ、公私共に奈良の貢献に繋がる充実した毎日だ。

5

住民の懐に飛び込む

相手の思いから会話を始める

——美の条例が教えてくれたこと

神奈川県真鶴町　卜部《うらべ》直也《なおや》

1972年生まれ。2000年に真鶴町入庁。まちづくり課等で美の条例を担当。企画調整課・政策推進課等で地方創生や公民連携事業を推進。

出会いは一つの新聞記事。大学で地方自治を学んでいるなかで、全国紙の社説に掲げられた「小さな町の大きな挑戦」という題に惹かれ知ったのが真鶴町だった。小さな町が法律論や開発圧力と闘いながら新しい地域づくりを模索し、都市計画法等に一石を投じる試み、今風に言うなら、「リーガル・イノベーション（法制度からのイノベーション）」に挑戦していた。

数々の制約や課題があるなかで地域の現場に合わせた新しい制度として誕生した通称「美の条例」（真鶴町まちづくり条例）、そして、何よりもバブル経済真っ只中の社会情勢に流されず、地域の独自性を大切にする町の生き方に惚れ、2000年に私は真鶴町に入庁、移住した。幸い1年目から憧れていた美の条例の担当を拝命したが、待っていたのは「理想と現実」。美の条例が十分に機能していない、そして、住民に十分に共有されていない、という事実に向き合うことから真鶴生活が始まった。

条例の運用で最も難しかった「美の基準」は、それまでの日本の景観形成とは異なる、言葉による「定性的な基準」を採用したデザインコードで、行政作法に馴染まないルールだった。

それに対する解決策を見いだせない。悩みを抱えながら運用する日々が続いたが、答えは現場に転がっていた。先人の方々の想いが詰まっている条例を根づかせることは、やりがいや原動力でもあった。模索のなかで「偶然成功する」景観協議が一つ、そしてまた一つと積み重なっていき、それらを帰納的に検証し、「一方向的な指導」により「行政から答えを示す」という従来の行政作法を変えていった。徹底的な現場調査による客観的な情報（景観資源）と施主の好みや予算等を前提条件にして、「最適解」を一緒に探す双方向の「対話型協議」、そして、最終的な解決策を施主や設計士に委ねる「当事者確定基準」を採用することで、地域の文脈に沿う価値創造型の景観協議にたどり着くことができた。「公平性」「客観性」の問題を乗り越え、美の基準が求めていた姿に出会うことができた。

今までにない制度をつくる、ということは運用が成立して初めて稼働する。美の条例との向き合いは、まさに「制度に魂を入れていく」作業であった　そして、その作業は、住民との再共有でも続いた。

「美しい景観が残って、住民の生活は良くなるんかい」。真鶴に来てからずっと受け止めてきた言葉を、異動した企画調整課等の立場からも向き合った。美の基準が謳う真鶴町らしい風景が残ることで、地域の生活や地場産業・商売が豊かになり、地域そのものに価値が生まれる道を探し続けた。

具体的に着手したのは、いわゆる「公民連携事業」の推進である。企業のＣＳＲを活用した魚付き保安林の保全に始まり、２０１３年に事務局を担当した町の「活性化プロジェクト」では、役場の中堅・若手職員と住民が好き好きに公民連携チームを組み、提案にとどまらない活性化策を「実行する」取り組みが推進された。そこから、今に続く朝市や試住体験事業、起業に挑戦するハッカソンが試行された。

実際に若い世代の移住や起業も続き、これまで真鶴にまったく縁のなかったITエンジニアやクリエイターのコミュニティともつながることができ、新しい交流・関係人口が広がっている。

民との連携ではさらにサテライトオフィス誘致やシェアリングエコノミーも推進し、IoTやWebマーケティング等すべてジャンルの異なる今まで町になかった事業を展開する会社6社がオフィスを開設し、地元雇用や子育てママを中心とした新しい働き方をつくる活動が始まっている。その他に芸術祭や創業支援・コミュニティづくり事業等も動いており、一見するとノンジャンル、もしくはオールジャンルの広がりだが、根底に共通しているのは、「変わらない風景から生まれる豊かさ」の追求である。多くの取り組みが、ハードを変えなくてもソフトで地域を変えていく事業であり、美の基準が謳う風景が魅力化し、移住をはじめ、新しい商売や人の流れ、地域自体の価値が生まれている。

そして、何より今まで行政課題と見られていたテーマに、町民事業や企業といった「民力」がアメーバー状につながりながら展開されている。政治や行政のあり方に影響されない、真鶴を愛する自立した「民力」を醸成することが持続可能な地域へとつながっていくと信じている。美の基準で培われた「対話型協議」の姿勢は、住民や企業との協働にも通じ、「自分（行政）がしたいこと」ではなく、「相手が何をしたいか」から会話が始まり、そこから事業を一緒に構築していくことを大切にしている。地域に住んでいる人、地域で商売する人が思い動ける環境づくりにこれからも尽力していきたい。

最先端の政策情報が集まったり、住民が苦労する一連の行政手続きや組織の作り方・資金調達のノウハウを知っていたり、また行政であるがゆえに地域の事情や人間関係に精通していたり俯瞰できたり。

行政職員がもつ能力は探せば多く、その力をたとえば町民団体の設立や事業展開、企業が地域に入ってくる受け入れ対応等にフル稼働で還元できれば、多くの民間事業が立ち上がったり、継続できる。

「ゼロイチ」が流行りのイノベーション時代の昨今。世の中で「先進的」と評価された取り組みがいつの間にか消えていっている。それが学生時代から感じていた問題意識であった。「0→1」から「1→2→5」の状態にすることで、初めてイノベーションが成立する。その思いで真鶴町に飛び込んだ。今後も真鶴での試行錯誤や実践をできる限り社会に還元し、「ゼロイチ」と同じくらい大切な仕事だと感じている「イノベーションの持続可能性」を探求する人材が広がることを願っている。

真鶴に来て20年目に10年ぶりにまちづくり課に復帰した。再びスーツから作業着に変わり、美の条例だけでなく樹木の伐採や草刈り、道路の補修等に走りまわっている、まさに原点回帰の毎日である。「美の条例がどうやったら地域に根づくか」から始まった公務員人生。だからこそ、何をやるにも「それがどう住民の生活につながるか」を常に自問自答することができた。地域づくりは劇的ではなく、「一歩進んで二歩後退して一歩進む、同じ場所やん！」の連続。そのなかで、住民の皆さんとの色んなご縁ができたからこそ、さまざまな民間事業が広がっていったと思う。良い種や日差しがあっても、硬い土であれば種は根づかず干からびてしまう。劇的でない日々を楽しみ、町民としても暮らしを満喫しながら、この愛しい港町に新しい種が迎え入れられる環境を耕し続けていきたい。

地域のやる気を引き出す技術を持とう

山形県農村づくりプロデューサー（元山形県）
髙橋信博《たかはしのぶひろ》

1961年生まれ。県立置賜農業高校農業土木科卒業後、山形県庁入庁。以来42年の間、農村地域の生産基盤や生活環境基盤の整備に携わってきた。2021年に定年退職後は、人材育成に取り組んでいる。

ことのはじまり

私は、1979年に山形県の農業土木職員として採用された。地元の農業高校（農業土木科）を卒業したばかりで、右も左もわからないまま、独り見知らぬ土地に赴任した。時に山形県庄内地方は圃場整備の全盛期、国の手厚い保護があったことで、米価は安定し庄内平野は米一色だった。農家は皆が田んぼの基盤整備を要望し、我々もそれに応えた。

その頃、山形県庄内地方の現場事務所は、過酷な労働条件下にあり、同業の仲間からは「庄内地獄」などと言われ、自ら希望して転勤する者は少なかった。その渦中に入ってすぐ、かけ出しの自分でも現場の「変」に気がついた。いくら忙しくても頑張れたが、どうにも納得できないことがあった。

農家自ら求めた事業なのに、地元住民のなかにはたくさんの反対者がいて、その調整に難航し事業がなかなか進まないのだ。間に入って調整役となった町や改良区の職員も、訪れた農家の玄関先で門前払い。そんな場面を何度も見てきた。

どうしてこんなことになるのか？事前の合意はなかったのか？このまま事業を進めて良いのか？結果、自分が出した答えは、反対している一人一人からその理由を聴いて回るということだった。

反対者は最大の理解者

最初はまったく受け入れてもらえなかった若造も、何度か通っているうちに、ようやく話を聴けるようになった。一軒そして数十軒と聴き回るうちに、大部分共通した理由で反対していることが分かった。個人のわがままな理由ではなく、計画されている田んぼの縦横の長さに問題があった。長い経験からあみ出された、もっと作業効率の良い、長さと幅を提案しようとしていたのだ。この反対騒動は、全国一律に作ってきた基準（マニュアル）を重視し、実際に耕作している農家の「提案」に耳を傾けようとしなかったことに本当の理由があった。

この地区の顛末は、関係者による話し合いが繰り返され、反対者と呼ばれる人たちの提案が採用されたことによって、関係する農家全員の同意を得ることができた。

住民からの「声」を前向きな「提案」と取るのか、後ろ向きな「反対意見」と取るのかで、協力者として扱うのか、反対者と判断してしまうのか？その後の対応は大きく違ってくる。若い時のこの経験は、その後のしっかり「聴く」ことにつながっている。

今までに、同じような場面に何度も出くわした。そんな時には、いつも心の中で繰り返し復唱する。

「反対者は最大の理解者（協力者）」なのだと。

君のやっていることはワークショップだよ

その後もたくさんの人や現場と出会い、その地や人について調べ、聴くことを繰り返すうちに、住民の声を引き出す方法を手に入れた私は、この技術を磨くことに力を注いだ。

30代、国の委員会に出席した時に、地域づくりや景観形成の第一人者であった故藤本信義さんと出会い、「君のやっていることはワークショップという話し合いの手法だよ」と知らされた。それからというもの、藤本さんには、私が地域づくりで関わる多くの現場に同行してもらった。そしてたくさんの視点と知識と常識を教わった。酒を呑まない藤本さんが、深夜まで付き合い、私が地元住民と一緒になって酔っぱらい、議論する姿をどういう気持ちで見ていたのか？思い返すと恥ずかしさでいっぱいになる。何よりも、藤本さんに一番感謝しなければならないのは、今に通ずる多くの専門家の皆さんとの、太い人脈を残してもらったことだ。合掌。

現場に近い市町村職員が要

地域づくりに取り組む都道府県の職員や全国市町村の担当者と関わる機会も増え、「いろいろ試してみたが地域がなかなか動かない」という同じような相談が寄せられるようになった。

地域のやる気を引き出し、高い確率で実践活動に移行するためには、しっかりとした「地域計画」づくりが重要だということは、すべての担当者が認識している。しかし、失敗事例の多くは、その計画づくりを一部の人で行っている。誰かにあてがわれたものであっては駄目、まして補助金欲しさの計画づくりであってはならない。地域が動き出すためには、自らが動き出したくなるような「生きた計画づくり」が必須要件。

県内外全国1千余りの現場と向き合ってみて、地域での徹底的な話し合いが不可欠だということがハッキリした。住民が本気で地域づくりに取り組もうとする意欲を醸し出すのに、ワークショップが効果的だということも分かった。

ここで私が重視したいのは、地域ごとの話し合いのプログラムづくりと、話し合いにいたるまでの根回しと段取りだ。この下拵えにあたる部分は専門家やコンサルタントには難しく、地域に一番近い市町村職員が行うべきもので、この部分を手抜きしているから地域が動かない。

疲弊する全国中の「まちむら」で元気な地域づくりを展開していくためには、市町村をマクロ・ミクロの両面から見つめ、地域を中長期的に診る技術を持ち、住民をその気にさせて地域づくりをリードするたくさんの市町村職員が必要だ。この20年間、この点に力を入れてきたつもりだが、まだまだ力不足を感じる。4月からはフリー、思い切った行動に出よう……。

ワークショップシナリオ作成研修（山形県）

「人づくり」は、必ず報われる
――全国のトップ人財から学んだこと

内閣官房（総務省から）　澤田史朗《さわだしろう》

1989年旧自治省入省。地域おこし協力隊の制度立ち上げのほか、大学と地域の連携による地域づくり「域学連携」地域づくり」支援制度の創設。やねだん故郷創世塾常任講師。

1995年8月3日。日本の自然保護のシンボル「尾瀬」の環境を守る仕組みとして「尾瀬保護財団」が設立された。その1年半ほど前に群馬県に赴任した私は立ち上げ責任者を任されていた。行政区域が群馬県、福島県、新潟県の3県にまたがり、その保護活動にも長い歴史と経緯があり、大勢の人々と主体がかかわってきた地域。全国的な知名度も抜群で、関係者の数も群を抜いている。

そこに新しい仕組みを入れるという、当時は前例のないプロジェクトだった。職場から片道4時間以上かけて現地に足を運び、話し込み、ある時は酒を酌み交わし、またある時は泊り込む。年間30回以上も続けた。この難題を解決するには、これが唯一無二の方法だった。これしかなかった。私の役人人生の基礎である「現場主義」はこのとき生まれた。

地域おこし協力隊秘話

2014年6月14日、総理官邸で総理付き参事官の職にあった私は、鳥取県と島根県を訪れていた。

安倍総理が、地域で活躍する地域おこし協力隊員と車座になって行う意見交換をはじめ、地域づくり活動や地域産業振興の取り組みの視察を企画する担当者として総理の随行をしていたのだ。

視察終了後のぶらさがり記者会見で総理は、「島根県の地域おこし協力隊の若い皆さん、彼らが本当に地域で知恵を出して、そして、汗を流して、地域の皆さんと一緒になって地域の活性化に大きな役割を果たしていることを知りました」「各地域で、地域おこしに、再生に、本当に真剣に力強く取り組んでいる現場を視察いたしまして、大変心強く思いました」「今後も地域の再生のために、全力を尽くしていきたいと思います」「前に進めていくために、その本部である「地方創生本部」を設立して、私が本部長として、先頭に立って、地域の活性化、全省庁をまとめて政策を打ち出していきたい。引っ張っていきたいと思っています」と語られた。

政権の重要課題である地域の活性化に、総理自らが先頭にたち、全府省庁をまとめて、より一層本腰を入れて取り組んでいくことを力強く宣言した瞬間であった。まさにこのとき、「地方創生」という言葉も生まれた。「地方創生」誕生の背景には、地域おこし協力隊の存在があった。

さかのぼること2年。地域おこし協力隊制度の立ち上げ当時、総務省の担当室長（地域の人づくりを担当）だった私は、隊員に対する期待と想いを込めて、「地域の未来を拓く力」と表現した。そして、制度創設から10年経過した今、その表現が現実のものとなっている。それは、高いスキルと崇高な志、熱い思いを持った隊員自らの頑張りの成果であることはいうまでもない。この制度は、いい意味で「ゆるい」制度だ。地域の実情に応じ、自由に発想できるため、地域の汗と知恵と創意工夫の結晶として、制度立ち上げ当初ではおおよそ想定しえなかったような、いろいろな形で、全国の地域で展開されている。

人材力活性化プログラム

10年前もすでに、「地域づくりは人づくり」であると、地域の人づくりの重要性は共有されていた。しかしながら、「人材」「人づくり」は共感の得やすい言葉であり誰もが論じるものの、中身はいっこうに深まらず、総論賛成、各論不在の状態であった。人づくりは1日にしてならず。ならば、そのうちいずれ、と悠長に構える地域も少なくなかった。

しかし、先進地と言われる地域では、例外なく、優れたリーダーが存在していたし、次代を担う人づくりが着々と進められていた。地域の人づくりに、今すぐ取り組まない地域は、どんどん差が開き、気がついたときには手遅れになってしまいかねないような状況にあると危機感を抱いた。人づくりにどう取り組んでいいのか分からない、そんな声も多数聞かれた。

私は、1年間かけて全国を飛びまわり、地域づくりのトップリーダーと言われる人々から、その活動と基礎にある哲学をうかがい、その熱い想いとお人柄に触れた。そのリーダーのどこがどうすごいのか、わかる人にはわかる、いわば「暗黙知」のようなものであった。その「暗黙知」を「見える化」し、地域の人づくりのための「人材力活性化プログラム」をとりまとめた。

地域は、多様な人の集まりだ。いろんな特技を持つ人がいて、それぞれ使える時間も違う。それをパズルのように上手に組み合わせて、一つの演劇（地域物語）をつくり上げていく。地域づくりは舞台づくり、だ。大事なのは「ストーリー」。

命令や強制で地域の人は動かない。大切なのは、人の心を揺り動かす「魅力」であり、「人となり」だ。地域のリーダーは、企業や組織のリーダーとは違う。「お世話係」という言葉が一番しっくりくる。

「プログラム」に加え、リーダー養成のための「カリキュラム」や具体のノウハウを示した「手引書」を、いわゆる「地域の人づくり3点セット」としてとりまとめた。あわせて、それを具体的に実践する場として、「全国地域づくり人財塾」を立ち上げた。現在でも、パワーアップしながら継続されている。

あれから、10年。地域における人づくりが、全国各地で取り組まれるようになってきており、地域づくりの成果も着実にあがってきていると思う。喜ばしいことである。

近年、成果主義が強調され、達成の目標とその成果の数値化がトレンドとなっている。短期で目に見える成果を求めるあまり、それと対極にあると考えられている「人づくり」が疎かになってはならない。人づくりに対する努力は必ず報われる、努力は決して裏切らない。人間は死ぬまで成長続ける存在であるのだから。

自分のまちならどうかを考える
——総合的な相談支援体制づくり

厚生労働省（愛知県豊田市から）　安藤《あんどう》 亨《とおる》

2009年豊田市役所入庁。スポーツ課、国交省出向、政策研究大学院大学派遣、障がい福祉課、福祉総合相談課を経て、2020年より厚労省在席。

豊田市だったらどうなのか？

これは、私が、国土交通省への出向や政策研究大学院大学への派遣時に、上司や指導教官から常に問われてきた言葉であり、現在では、この問いに対し自分自身の考えを語ることができるかが、私の仕事の基本となっている。

当時の私は、豊田市としてどうかの考えを十分に語ることができるだけの経験もなく、だからこそ、出向・派遣先から戻る際には、住民の生活の状況がよくわかる部署であり、現場や具体論のある福祉部門への異動を希望した。

福祉部門で働くようになり、最初に印象的な仕事であったのが、障害者差別解消法の施行対応だった。この手の業務では、障がい者の支援を行う障がい福祉課が、住民や関係者、市役所のなかに働きかけるのが定石かもしれないが、〝豊田市だったらどうなのか〟というスタンスからすると、この進め方に私は違和感を覚えていた。部署ごとの守備範囲にとらわれない進め方が必要ではないかと。

そこで、市役所の仕事の仕方自体にアプローチすることとし、総務部所管の委員会にワーキンググループを設置して、住民のためにどういった配慮ができるかという趣旨でガイドラインを提示した。結果的に、ほぼ全職員が文書作成時の基本フォントを大きくしたり、一定規模以上のイベントでは手話通訳を配置する等、全庁的な取り組みにつなげることができた。

仕事をしながら、立ち返るところがあるか

豊田市は、地域共生社会の実現に向け、断らない相談や社会への参加、地域づくりを一体的に行う包括的（重層的）支援体制の整備を進めているが、これらに着手した背景は、社会福祉法の改正ではない。

福祉部門に異動して3年目の春（2016年）。私を含む部内の課長補佐級～担当者数名が集められ、当時の部長から「縦割りを排除し、全世代・全対象型の地域包括ケアシステムを作る」とのビジョンが示されるとともに、次年度予算や当時策定が進められていた総合計画への反映を見据え、短期集中での新たな施策づくりが命ぜられた。

私は、「制度の対象かではなく住民の困りごととして、行政が相談を受け止められる体制が必要」と、約20年間の生活保護ワーカーでの経験による強い信念を持つリーダーの下、相談支援の体制づくりを担当することになった。検討に当たっては、さまざまな立場の方と話をした。相談機関からは、時には、「高齢者と障がい者を一緒にするなんてあり得ない」などと言われ、庁内でもさまざまな部署の職員と認

識が合わず、苦しむことが多々あった。

ただ、このような時には、高齢者や障がい者といった対象や分野をどうするかではなく、〝豊田市だったらどうなのか〟の発想で考え、そして、細かい調整等で私自身がブレそうになった時には、部長のビジョンやリーダーの信念に立ち返るようにした。〝困ったり判断に迷うたび、全体のビジョンや住民目線の信念に立ち返る〟、この毎日を積み重ねることで、施策としての熟度を高めていくことができた。

また、公務員は組織で決められた仕事を行うという発想になりがちだが、すべてこの通りかというと、それも違うと思う。豊田市では包括的な支援体制の検討と合わせて、新たな支援体制を実行するためには庁内組織がどうあるべきかの視点に立ち、つまり組織があって仕事をするのではなく、仕事をするために組織があるとの視点で再編を行った（結果、前所属先である福祉総合相談課を新設した）。

さらに、私は、この検討を重ねるなかで、各部署との調整を進めるうえでキーパーソンとなる職員の動きや雰囲気を感じ取りながら、コミュニケーションをとっていることに改めて気がついた。

このことを意識し、さらに行動をした結果、職場のフロア配置を大きく変更することにも着手した。部署間の物理的な障壁となるキャビネットや間仕切り壁を取り除き、フロアを一望できるようにした。こうして、各部署のキーパーソンが今いるのか、話ができる雰囲気かどうかが自然と把握できるようになった。このように、住民のための仕事をするために組織を作るということを意識し、職員同士が積極的に連携や調整などができる環境を整えていった。

公務員の仕事はやっているうちに面白くなる。そして、公務員は表情も大切

公務員は、住民や地域から真面目とか固いとかよく言われる。だからこそ、公務員が深刻な面持ちで、形式的・画一的に取り組んでいるだけでは、住民や地域のためにならないのではないか。

私は、地域の実情を知りたいと思った際には、コミュニティソーシャルワーカーと一緒に、地域の色々な方と話すために出かけていた。たとえば、タクシーの運転手から、「いつも一時停止するT字路にある家の庭木が最近ずっと伸びていて、見にくいと感じる」という話を聞くことができた時がある。この運転手が住民の異変を何かしら感じていることに気づかされた。

また、自治区の区民会館で長年事務を担当している方は、区費滞納の話題が徐々に発展し、区のマップを広げ、気になっている住民の様子など、地域の情報を細やかに教えてくれた。

公務員の仕事は、国も地方も関係なく、住民や地域という十人十色、千差万別の事象に何かしら関わっていると思う。だからこそ、色々なことを知れば知るほど、仕事が面白くなる。また、その時の表情は、決して役所の人の固い顔ではなく、地域を一緒に考える人としての自然な顔つきになっていると思うし、私たちの表情がどうなのかを住民や地域は実によく見ている。

国も自治体も、どの公務員も、この表情になる場面がまだ多くないのではないか。令和となり、さまざまな社会問題や地域課題がクローズアップされるなか、今後の公務員に一番求められることは、いかに地域を一緒に考える人の顔になれるかどうかだと、厚生労働省に在席してみて改めて感じている。

地域に出て100回失敗しよう

秋田県　中嶋《なかじま》結《ゆう》也《や》

私は20代のころ心配事がありました。「自分が将来管理職になったとき、役割を果たせるだろうか」と。というのも、県では管理職になるのは早くても40代後半。大学の同期が当時すでに数十人の部下を抱えてプロジェクトを回していたのとでは大きな違いです。マネジメント経験がないまま年齢を重ねると、ポンコツ管理職になるのではないかと焦りを抱えていました。

そこで、私は県が主催する「秋田県若者会議」に業務外で参画し、主催者側と一緒にプロジェクトを実施してきました。その結果仲間が出来て、自らチームを組んで新たなチャレンジをすることもできるようになりました。チームで企画・運営をするなかで、いくつかの小さな成功体験と１００回以上の小さな失敗体験を積み重ねてきた結果、役所の業務では経験できない貴重なマネジメント経験を積むことができました。

ここで、私が強調したいのは、地域に出ることが道徳的にいいということではなく、若いうちに地域に出て１００回以上の失敗ができるのは、損得勘定からいっても得であるということです。若いうちにたくさんの失敗を経験しておくと、長期的に見た時には成功する確率が上がるという研究もあるようです。

閉店した本屋で本を片手に交流会

また、小さな失敗を乗り越えて、モチベーションを保つためにはともに励ましあえる仲間づくりも大切です。地域に出て１００回失敗しても心が折れないようにするため、決して１人では始めずに、４人程度のチームを組んで始めることも強くお勧めします。

職員は人と人をひっつける「見えない接着剤」

山口県周防大島町　西村《にしむら》一樹《かずき》

人事担当者からの呼び出し

２００８年の年が明けたころ、突然人事担当者から呼び出され、「東京の研修があるが、行かんか」と言われた。地域活性化センターという機関が行う「地域リーダー養成塾」という研修らしく、何も考えず「行きます」と即答してしまった。それから春を迎え、場所は銀座。「地域リーダー養成塾」の開校式が始まり事の大きさに気づいた。

とはいえ始まったものは仕方ないと割り切り、月に一度、東京に足を運び、いろいろな先生の講義を聞き、現場に足を運び、いろいろなことを学んだ。これが何とも奥が深く面白い。しかし、自分の職務は統計調査担当で地域との縁がない仕事をしている。「これは困った」と異動希望を提出するものの異動がない。「これで最後じゃ！」と提出した２０１２年の春、地域振興の担当になった。

人とのつながり

地域リーダー養成塾を受講したことで、あちこちのイベントに参加することができ、いろいろな人に出会い、つながるようになった。そういえば地域リーダー養成塾で大変お世話になった明治大学の小田切徳美教授が「リーダー塾は終わりますが、しがらみは一生残ります」とおっしゃったことを「このことか」と思い出した。そもそも人見知りが激しく、初対面の方と話をすることが嫌だったのにいつの間にか、だれとでも喋れるようになっていた。

地域での実践

ある日、研修で学んだことが仕事で活かされていることに気づいた。自分が何かをするのではなく、自分の得た情報や人について伝えればよい。それが地域のためになり、人と人を結びつけることができる。「縁の下の力持ち」という表現もあるがそれさえも必要ない。人と人をひっつける目に見えない接着剤であるべきだと。目立つべき人は地域で活躍する人々である。

話を聞いてもらえる強味を生かす

東京都小平市　新井《あらい》啓明《ひろあき》

都心から西に26㎞の東京都小平市で24年余り勤めてきた経験で、職員としても個人としても街に関わることの楽しさに気づき、自分の考え方を大きく「覚醒」できたのは、公共交通担当の3年間でした。

小平市では自治会、商店会、住民、教育機関、地元タクシー会社などで構成する「コミュニティタクシーを考える会」という組織を立ち上げて、地域ごとのニーズに基づくコンパクトな生活交通を地域協働で展開する、交通まちづくりに積極的に取り組んでいます。

機運が盛り上がり、「考える会」が立ち上がった地域では、くらしの足を地域で創り、支え、育てるために、地域が自ら責任を持って本気で取り組んでいます。一方、利用状況が少なく実証実験運行かぎりで終了した地域もあります。なかなか思うように利用が進まず、失敗も多い日々でした。でもそのような時に、地域の関係者同士、また地域と私たち職員が膝詰めで話し合い、それぞれの思い、悩みを共有できる場や関係があって、一緒に汗もかいたことで、困難も乗り越えられました。

また、課題に向き合う時に特に感じたのは、地域の住民や関係者は、自治体職員の話を、賛否は別としてまずは聞いてくれたことです。これは自治体職員の強みだと思いました。

日々の生活や仕事でとても高いと感じる壁はいくつもやってきます。でも、これからも自治体職員の強みを生かして、この時に培った共有できる場や関係づくりの大切さ、楽しさを胸に、解決のヒントを求めて、地域や課題へ恐れずに踏み出していきたいと思います。

停留所の張り替えも地域と協働で行いました。地域との関係があるひとコマです

自分で考え、住民の声に気づく

元島根県益田市　川原敏之《かわはらとしゆき》

1979年、私は出身地である島根県益田市に採用された。もともと「様子がわかる地元で就職するほうが楽かな」という甘い気持ちのため、当初から、自分の知識や知恵のなさを痛感する日が続いた。

初めて任された仕事は、「農家の声を聞き、地域の課題を明らかにする。さらに将来に向けての計画を作り実践する」という大変重たいものだ。しかも、農家の方から「忙しいからお前の話を聞く暇はない」という声を聞くと、現場に出るのが億劫であった。

しかし、時の上司から、「お前の気持ちや考えを正直に農家の人に伝えてみろ。責任はすべて自分が取ってやる。また、農業に関することなら何でも勉強して良い」と激励されたことで、気持ちが変わっていく。本当に有難い言葉だが、まず「自分自身の考えを持て」、そして「住民の声に気づく感性を持て」ということだと理解するには少し時間を要した。

当然、公務員の仕事は、法律や条例に基づいて執務することが基本である。一方で、地域に出て住民のみなさんの声を聞いて、それを自治体の課題として感じ、さらにあらたな政策や制度を作り出すということも大切な仕事の一つである。

地域に出るとお叱りを受けることがほとんどだが、年に1回でも「あんたのおかげでここまで進んで来れた」と言われると、それまでの苦労がすべて報われたような気になり、次につながる。

平成の大合併の際は、「行政サービスは低下させない」のが大前提であるが、「住民と行政との距離が遠くなった」という声を何度も耳にした。住民の思いと行政の方向に齟齬があってはいけない。コロナ禍の今日では、住民の方に集まって頂くことはままならないと思うが、自らこまめに足を運ぶことは可能である。

「自分たちの地域を良くしよう」という思いは、誰も同じはず。お互いの距離を縮めるために汗をかくことが、改善策を見つけ出す最も基本的な方法だと思う。

地域に暮らす住民が先生

―地域のお茶の間創造事業

滋賀県米原市　亀山芳香《かめやまよしか》

米原市では2013年度から、地域住民の互助で行う定期的な居場所づくりや支え合い活動などの取り組みを支援しています。当初はモデル事業として7団体を選定し、ひとり暮らし高齢者等183人を職員が訪問してニーズを聞き取りました。交流の機会や見守り、困りごとのお手伝いなどのニーズが高く、調査結果を団体の皆さんと共有し、各地域の実情に合わせて「お茶の間」を開いたり、支え合い活動に取り組んだりしたところ、顔の見える交流や、情報の共有、見守り体制の強化といった成果がありました。高齢者にとっては外出機会の増加やスタッフとしての生きがいづくりにもつながり、介護予防の効果も期待できることから、2015年度からは一般介護予防事業にも位置づけ、現在では35団体が取り組みを行っています。

私は、毎日のように市内のどこかで開かれる「お茶の間」に出かけました。時には誰かと連れ立って人と人をつないだり、社協さんと連携を密にして、活動に関する相談にのったりしました。「お茶の間」の皆さんはいつも温かく迎えてくださり、職場も快く地域へ送り出してくださることが、何より心強かったです。

お茶の間での一コマ。一緒に音楽療法を受けている筆者

こうした経験から、公務員の仕事は地域にあり、そこに暮らす住民が先生だと思うようになりました。地域で感じたことや住民の方々との会話などから、課題を分析し、施策に反映させていくことこそ、公務員の醍醐味だと思います。

73

一線をおきながら地域に入る―能登空港利用促進

石川県　杉本拓哉《すぎもとたくや》

2003年7月7日に開港した石川県の能登空港（のと里山空港）では、東京―能登間1日2往復の運航を確保するため、搭乗率保証制度（毎年、目標となる年間平均搭乗率を越えなければ航空会社に一定の損失補填をするもの）をつくり、開港当初から目標達成のために、官民挙げて利用促進に取り組んでいます。

私は、能登空港の利用促進の仕事を8年間担いましたが、数字を追うというのは、やりがいがあるものの、大変なプレッシャーと難しさを感じる仕事でした。

空港の利用促進といえば旅行会社に商品を作ってもらい、出向宣伝に出向くという直接的な手法も必要ですが、成功のカギは一言でいうと「地域と首都圏をつなげること」です。

首都圏の方には、能登の魅力をさまざまな手法で知らしめ、能登に足を運んでもらい、満足して帰ってもらう。その結果、口コミ客やリピーターとして、また能登に来てもらう。

能登の方には、首都圏の方のニーズに答え、能登の魅力や価値を提供し、利益を得るとともに、新たな価値を作り出してもらう。

当時、この当たり前だと思うことを全体的に把握し、つなぎ、結果を導ける人がいないことが地域の課題であり、それを担うことができるのは、公務員しかいないと感じていました。

私がそれを担うべく行動していた当時の出勤簿の半分近くは、能登か首都圏への出張でしたが、そこで得た人脈と信頼、知識が、更なる事業を生み出し、その結果、能登空港の目標搭乗率達成に繋がっていったものと思っています。

最後に、地域への関わり方はいろいろありますが、私のスタンスは、地域の一員のように地域に入るのではなく、公務員として一線を置き、地域をあらゆる角度から見つめながら地域の期待に応えるために地域に入る、です。

地域が見えると数字を追う仕事も面白い

京都府福知山市　松井《まつい》美幸《みゆき》

まちづくりは想像力・創造力

まちづくりの仕事をするにあたって、どんな人が何を必要としているか思い浮かべる想像力とそれらを組み合わせて価値をつくる創造力が必要と思っているが、「想像力」を意識しだしたことにはきっかけがある。

人事異動で気づいた危機感

十数年前、私は福祉の部署から企画部門に異動した。日々の学びや事務処理が、そのまま目の前にいる人の役に立つことが実感できる福祉の仕事から、資料や先進事例などからつくり上げる「登場人物が思い浮かばない」計画の仕事への落差に戸惑いを感じていた。

ちょうどその頃、「地域に飛び出す公務員」の存在を知るとともに、市外出身、アパート住まい、子どもなし、職場以外の友達なしの自分は、この地域に一切の繋がりを持ちあわせていない事実を思い知らされた。

地域に出てみて変わったこと

それから私は、地域のイベントや勉強会に好奇心の赴くままに出かけた。農業を体験したくて参加した棚田を守る地域イベントの実行委員会は、いつの間にか実行委員長になり、イベント以外にも関わるようになり、さらには、その近辺の集落で空き家を借りて住むという経験もした。

地域に繋がりを持ちたいと思い色々やってみてわかったことは、ちゃんと繋がるには、そこに自分の役割があり、暮らしや仕事に繋がっていないと無理があるということだった。また、地域でどんな人が声をあげているか、地域の習慣も建前ではどうにも変えられないことが多いことも実感した。

こうして、私の仕事や地域への向き合いかたは徐々に変わった。範囲・登場人物ともにバラエティが増え、数字を追う仕事でも、その向こうにいる人や地域が想像できると断然面白くなってきた。あとは「創造力」を鍛えて、地域のみなさんにもっと還元していかなければ、と考えている。

6 組織の風土を変える

行動を起こせば何かが変わる——庁内起業

福井県越前市　波多野《はたの》　翼《つばさ》

1984年生まれ、仁愛大学卒業。越前市役所に入庁。日本ボルガラー協会の活動や子育てに関する絵本の出版などマルチに活躍。

誰でもまちづくりができることを証明しよう

「補助金をくれないとまちづくりなんてやらんざ」。

２００９年４月、私は、越前市役所に入庁して観光振興課で仕事をすることになった。その仕事のなかで市民の口からさっきの言葉を何度も聞くことがあった。その一方で「補助金を出してるんだからやってください」と市の意向を市民に押し付けるような場面を見ることもあった。

「そもそもまちづくりってお金がないとできないの？そもそもまちづくりってやりたいことをやれないの？」と私はモヤモヤしていた。しかし、いくら考えても答えは出ない。

そこで私は、「誰でもまちづくりができることを証明しよう」と補助金などに頼らず、楽しいことをやるというコンセプトでまちづくり活動をすることを心に決めた。仕事ではなく一市民としてのまちづくり活動である。そして、２０１０年３月に市役所の先輩たちと「日本ボルガラー協会」を設立し、ボルガチョフに就任した。ちなみに日本ボルガラー協会では、代表のことをボルガチョフと呼んでいる。

この日本ボルガラー協会は、越前市に約40年前からあるご当地グルメ「ボルガライス」をPRして、越前市のことを知ってもらい、越前市に来てもらうための活動を行っている（たぶん「ボルガライス」と名前を聞いただけでは、どんな食べ物か想像できないだろう。気になった方は、ぜひ検索を！）。

活動を始めた当初、市内のボルガライス提供店は5店舗しかなく、市民のほとんどがボルガライスを知らなかった。まず初めにお店の情報を自ら作成したホームページに掲載するが、ホームページのアクセス数は、1日5件ほど……。そのほかにユーチューブに動画を投稿したり、SNSでボルガライスのことを発信したりするがまったく知名度は上がらない。市役所の職員から「そんな活動をやっても町は盛り上がらない、無駄だ」「もっと有名なものを周知したほうがいい」などと言われるように……。

しかし、そんなボルガライスが一気に注目されることになる。そのきっかけは、越前市出身の劇画家・池上遼一氏に依頼し、描いてもらった1枚のポスターだった。

このポスターを作るための作画の費用や印刷費などは、メンバーのお小遣いで活動していた協会にとって、なんとかできるものではなかった。もちろんメンバーは市役所の職員なので、すぐに使えそうな補助金の話も出た。

ボルガライスポスター

しかし、あえて補助金に頼らず、製作費を賄うためのアイデアを話し合った。そして、知り合いから1口千円の協力金を集め、ポスターができたらそのポスターをあげることに。まさにクラウドファンディングならぬ、アナログファンディングである。

メンバーが知り合いに声をかけ、約70人が協力してくれ、無事にポスターは完成した。そのポスターを協力してくれた人にプレゼンとすると、家の玄関や美容室、電気屋、酒屋、地蔵堂などいたるところにポスターが貼られた。その現象が話題となり、メディアの取材が殺到。そのほかにも公民館でボルガライスの料理教室が開催されたり、11mの巨大ボルガライスを小学生が作ったり、ボルガアイスやボルガライス味のあられを地元のお店が作ったりと、市民がボルガライスでさまざまな企画をしてくれた。

今では市内のボルガライス提供店は、20店舗まで増え、県内外から多くの人がお店に訪れるようになった。さらにボルガライスは、学校の給食で提供されたり、コンビニ弁当で全国発売されたり、オタフクソース㈱から専用ソースが発売されたり、タイのバンコクのお店でも食べられるようになったりと、越前市を代表する自慢のご当地グルメになった。

ここまで盛り上がったのは、店と応援してくれる市民の協力があってこそ。そして、たくさんの人が協力してくれるのは、協会のメンバーが楽しく活動しているからだと私は実感している。

越前市役所の「庁内起業」

こうしてボルガライスが盛り上がり、たくさんの人がボルガライスを目当てに越前市に来てくれていることは本当にうれしい。そして、それと同じくらいうれしい変化が市役所のなかにもあった。それは、私たちのように、団体を立ち上げまちづくりを行う若い職員が出てきたことである。

たとえば、ＪＲ武生駅周辺にある食堂で昔から食べられている中華そばをＰＲする「温盛一杯 中華メンズ」や、着物を着てさまざまなイベントを行い越前市と着物の魅力を発信する「きものっこ」、ナノブロックでゆるキャラのきくりんや市内の有名建築物を作って越前市をアピールする「越前建設ナノブロック課」、ゴミ分別のオープンデータを活用したアプリのゴミチェッカーを開発した「越前市ぷらぷらぼ」、地元ケーブルテレビのレポーターやイベントでの漫才を通して越前市の面白さを伝えるお笑いコンビ「バンライフ」など、それぞれが自分の特技を生かして楽しくまちづくりを行っている。

さらに、こうした職員のまちづくり活動を越前市役所では、「庁内起業」と呼んで推奨する動きが出てきた。変わったことをすると冷ややかに見られることもあるが、それ以上に町のために頑張っている職員を応援しようという雰囲気があり、新しいことにチャレンジする背中を押してくれる。

私もこうした雰囲気とチャレンジする若い職員に刺激を受け、3児のパパとしての経験とコーチングの資格を活かし、子どもが主体的に考え行動する大切さと楽しさを伝える「子育てコミュニケーションアドバイザー」の活動を新たに始めた。そして、そのなかで子どもたちと一緒に絵本「いなくなれおばけのバッチン」を制作、出版することができた。

チャレンジする前は誰でも不安になる。しかし、まずは行動してみてほしい。「行動を起こせば何かが変わる」そのことを仕事でない一市民としての活動から、私は教えてもらった。

カルチャーショックを受けた事務分掌
——中途採用

福井県坂井市　斉藤正晃《さいとうまさあき》

1984年生まれ、福井県立大学卒業。民間医療法人入職・退職、坂井市役所に入庁。社会福祉課、福祉総合相談室、厚生労働省社会・援護局地域福祉課出向を経て、現在、坂井市役所福祉総務課福祉政策係。

役所の縦割り

民間から中途採用で市役所に入庁して、カルチャーショックだったのは「事務分掌」の存在だった。

「事務分掌」とはどの部署が何の業務を所管しているか示すものとして明文化されたものであり、「事務分掌」にあるかどうかで対応を判断することになる。「うちの事務分掌にない＝うちではない」ということだ。民間で働いていたときも部署によって多少の縦割りはあったが役所の場合、さらにそれが明文化されていて、「事務分掌」にないことは原則しないことが当然なので、縦割りが色濃いという印象だった。

専門・分業化した仕事を効率よくこなすためには、仕事範囲を定め、標準化していくこと、ある程度の縦割りは重要だとは思う。ただしこれが色濃いと、定められた仕事をするという観念に縛られて、相談に来たその人を視ることを忘れてしまうことがあるのではないかと問題意識を持った。

「相手の立場を考えなさい」「自分が相手だったらどう思うか」、私が仕事をするときに気をつけていることで、自分への戒めの言葉である。

野球のキャッチボールでいえば、相手にボールを投げるときの基本（当たり前）は、相手の胸付近を狙って投げること、そうすることで相手がとりやすいボールになるからだ。この当たり前を怠れば、すっぽ抜けて相手のはるか頭上に投げたり、大きく横にそれるボールを投げることになり、相手にとってとりづらいボールになってしまう。

仕事においても、この当たり前の意識を怠れば、つい「誰のために」仕事をしているのか忘れて、相手の思っていること＝ニーズと大きく外れた人を見ない仕事をすることになる。

私は福祉部署で、「地域共生社会の実現に向けた庁内横断の相談体制構築業務」を担当している。端的に言えば、どの窓口においても分野が違うといった理由などで「断らない」（「うちじゃない」と言わない）窓口・体制を構築することを目指している。実現のために必要なのは、職員同士が「自分が相手だったらどう思うか」、縦割りを超えてのりしろを出すことが重要だと思っている。

縦割りの弊害

「事務分掌」は大事だが、とらわれすぎると自分の目線でしか視なくなる。やはり相手の目線を想像することが縦割りを超えるためには必要だと思う。

たとえばこんなことがあった。役所の相談業務のなかで高齢者の総合相談を受ける地域包括支援センター（以下、包括）がある。「事務分掌」は高齢福祉課。ある相談者から親のことで包括に相談があった、

「介護費用の支払いがきつくて生活に困っている」という相談内容だった、包括の職員は、生活に困っていると判断し、福祉総合相談室へ案内した。しかし、よく話を聞くと実は包括で手続きが可能なものだったのだ。相談者にとってはたらい回しである。なぜこんなことが起きるのか？理由は、福祉総合相談室の「事務分掌」に生活困窮者支援に関することとあるからだ。相談内容を詳しく聞く前に「生活に困っている」というワードが「事務分掌」に合致したのでこれはうちではないと判断したのである。

相談にきている「その人の相談」として受けていれば、聞いていくうちに対応方法がでてきたのではないかと思う。最初から何に合致するかという頭で対応するのではなく、人を中心にした相談対応をすること、「事務分掌」はその後のことだと思う。

厚生労働省へ出向して

事務分掌のほかに、役所の縦割りを助長しているものがある。市役所が縦割りなのは、国が縦割りだからでもある。市役所が事業をするときの財源として、国庫補助金を国からもらっている。国に事業内容を提出し、審査が通れば補助金をもらう。たとえば、包括であれば高齢者のための相談費用として申請し、認められれば補助金がもらえる仕組みとなっている。そのため、高齢者以外の相談に費用を使えば、補助金違反となってしまうので、包括が若年者の相談に乗ることは原則できない。縁あって、私は2年間、厚生労働省に出向していた。国においても「事務分掌」のように所管がわかれており、市役所以上に縦割りを感じた。考えてみれば、大きな組織だし、市役所の各部署の上級官庁なので当たり前なのかもしれない。そもそも、福祉部署は市役所という会社だが、厚生労働省は厚生労働省という会社、市役所の建設課であれば国土交通省が上級官庁になる、会社が違うため縦割りは当たり前である。

しかし、厚生労働省で「地域共生社会の実現に向けた包括的な支援体制の構築」を考えている職員たちとの出会いはカルチャーショックだった。国の職員たちが本気で地域の実情に応じ、縦割りを超えた体制整備・補助金改革を考え、国の縦割りのなかで必死に縦割りを超える施策を考えていたのである。縦割り打破のハードルが一番高い国において、本気で縦割りを超えた体制を考えている、ならば市役所職員の自分は「その思いを自分の地域に活かせる」立場にある。背中を押してもらった。

やはり、相手の立場を想像すること

今、庁内横断の包括的な支援体制の構築を進めている。本質は相手を知り、のりしろを出していくことだろう。同じ福祉の相談でも、障害・介護・子ども・困窮と分野が分かれているため、お互いの「事務分掌」だけみていると、前述のようなケースを作り出す。分野別の立場を想像し、のりしろを出し合うこと、相手の胸をちゃんとみることで包括的な支援体制の構築の一助につながる。

地域住民の方と話をしていると、生活のこと、市道のこと、防災のことなど自分が担当したことがない分野のことを聞かれることがある。地域住民からは「市役所の○○課の人」ではなく、「市役所の人」と視られていることに気づかされる。「事務分掌」も大事だが、それ以上に相手目線を想像する、市役所としての「事務分掌」は「何か」をこれからも意識していきたい。

業務改善とは、その仕事の意味を考えること

北海道北見市　及川慎太郎《おいかわしんたろう》

1979年北海道生まれ。2002年北見市役所入庁。総務の立場からITを活用した業務改善に取り組み、他の市役所に横展開した事例も多数。

仕事の中身を深く探求し続けていたら、いつの間にか自分自身も多方面に飛び出すようになっていた。「仕事って、やり方や仕組みをどんどん良くしていくことなんだ」。その楽しさに気づき、工夫したり表現しているうちに、さまざまな自治体で同じテーマに悩んでいる職員と出会い、お互いの仕事にフィードバックすることも多くなった。全国の自治体職員と悩みながら共に歩んでいける、これが自治体職員の醍醐味なのかもしれない。

業務を深く追求すると見えてくる

市役所に入って最初に配属されたのは、電算部門。当時は、国保や市民税といった市町村の事務を処理するシステムを自作して運用するという衝撃的なものだった（メーカー製システムを使っている業務もあったが、「汎用機」「COBOL」のキーワードで朝まで語れる自治体職員も多いはず）。役所内のさまざまな部署に通い、業務ごとに日次や月次、年次の処理を行い、制度改正があればプロ

グラムを書き換える日々。否応なしに、さまざまな業務の制度や成り立ち、ひいては仕事の仕方、手順や流れも含めて学ばなければならない。それでも中身が分かってくるにつれ、「こういう手作業とか反復的な計算って、プログラムに置き換えられるんじゃないか?」などと気づくようになった。もっとノウハウを共有する仕組みを作れないのかと悶々と考えていた時期もあった。そんなとき、窓口部門から「窓口で応対しながらどの職員でもかんたんに申請書をプリントできるようなシステムを作れないのか?」と相談され、その仲間と職員提案という枠組みを使いＡｃｃｅｓｓで作った応対システムをデビューさせたのは２０１１年。これが北見市での「書かない窓口」のプロトタイプだ。

そのあとは職員のワーキングやプロジェクトチームで、窓口業務の「ありたい姿」のアイデアを練り上げ、計画にまとめていった。しかし本当に大変だったのは、そこから形にしていく過程だった。

走りながら、形作っていく

そこからは「窓口業務の効率化・ワンストップ化」という市の方針のもと、推進事務局担当として庁内のさまざまな部署をまとめながら、多岐に渡る業務改善を実施した。振り返ってみると、「書かない窓口」がスタートだったのに、業務効率化という視点に気づいてからは、さまざまな業務の手順を見直しつつ、アナログからできる業務改善や、ＩＴを活用したワンストップ窓口、バックヤード事務の業務フロー組み替えなど、息の長い取り組みを次の世代に引き継ぎながら続けている。初めから今の状態に到達したのではなく、やってみると次の課題が見えてきて、課題をクリアするとまた次のゴールの姿が見えてきて、少しずつ直して走りながら軌道修正していくという考え方が大切であった。絶対に失敗できないというプレッシャーと、それに勝る楽しさがあり、取り組みを進めることで効果を実感し、自分たちの能力やできることも一つずつ増えていく。気づけば、自分も携わった職員も皆、仕事を通じて成長しているようだ。

業務改善とは、その仕事の意味を考えること

「改善を提案したら、反対された」――こんなお悩みを他自治体の職員からよく聞く。本来、業務改善とは自分たちの仕事の流れをスムーズにし、ラクにすることなのだが、本当の敵は「よくわからないから」「不安だから」「変えるのに手間がかかるから」という理解の壁なのかもしれない。1日8時間携わる仕事。だからこそ私たちは中身を深く理解し、その意味を問いながら、より良くするにはどうしたらよいか、日々心に留めておきたいものだ。

地方自治法第2条には「地方公共団体は（～中略～）最少の経費で最大の効果を挙げるようにしなければならない」とある。改善できる事柄に気づいた人は、理解を得るまでのプロセスは必要工程であると認識し、粘り強くその意味を説き、むしろ楽しみながら進めばよいのかもしれない。

全国の飛び出す職員との出会い――ネットワークを駆使しよう

先頭を走るのは怖いことだ。しかし、自治体の場合は全国に同じテーマに携わっている職員がいる。

私もそうした飛び出す自治体職員の輪に助けられ、勇気をもらってきた。ＩＴ活用やデジタル化の分野に関しても、どのように読み解き対応すればよいのか、自治体職員の研究会に参加して情報を拾っている。昨今はコロナのためリアルに集合できないのが残念だが、オンラインでの交流は心強い。

アンテナを高く張り、ネットワークを駆使して最新の情報を認識することは仕事にも直接役立つ。

意識してみよう

改めて自分を認識してみると、こんなことを意識して仕事をしているようだ。

①中身を深く知る：漫然と作業するのではなく、なぜそうなっているのか考える。
②利用者の視点を持つ：ボトルネックを探すのが業務改善。職員もまた「利用者」。
③変えてみる：気づいたなら変えてみる。変えてみると見えてくるものがある。
④仕組み化する：引き継ぎできるように整理すると、他自治体でも使えるようになる
⑤発信する：ノウハウは共有できるようにする。それが飛び出すきっかけにもなる。

多くの自治体職員から頂いた、「真似してみた」「取り入れてみた」「効率化できた」「助かった」という声はありがたい限りだ。地域を拠点としながら、全国の自治体とノウハウを共有する。たとえ地方に住んでいても価値を生み出し共有できるのは、自治体職員の面白さだと思う。

まだまだこれからなので、できることを一つずつ、やっていきたいと思っている。

オンラインでつながる域学連携
——対馬グローカル大学

長崎県対馬市
前田《まえだ》 剛《つよし》

1979年長崎県雲仙市生まれ。2005年に対馬に移住し、環境省対馬野生生物保護センター勤務を経て2009年に対馬市に入庁。現在、しまづくり推進部SDGs推進室副参事兼係長。

対馬市は豊富な研究・教育資源を強みに、「域学連携」を主要政策の一つとして交流人口・関係人口の拡大に努めている。毎年国内外の大学から約600人の学生・研究者が来島していたが、コロナ禍でその状況は一変した。都市からの来島に対する地元側の警戒感と、医療体制が脆弱な離島への大学側の配慮から、ほとんどの実習、調査研究、合宿等が中止・延期となった。そんななか域学連携の新展開として進めている「対馬グローカル大学」について紹介したい。

域学連携の体系と成果

島全体を国内外複数の大学のサテライトキャンパスに見立て、地域・大学双方のニーズに応じた多様なプログラムを提供することで、学生・研究者の誘致を図ってきた。プログラムは、①地域おこしを実践形式で学ぶ島おこし実践塾、②分野ごとの中長期インターンシップ、③対馬に関する学術研究、④対馬をフィールドとした大学の研究等である。これらの活動成果を対馬に還元し、地域活性化や、市民の誇り意識の醸成のため、年に一度「対馬学フォーラム」を開催している。

言うまでもなく関係人口は地域活力を維持するうえで必要不可欠な存在となっている。関係人口は、地域での「深い学び」があってこそ生まれ、深い学びを得た人は口コミで新たな人材を呼び込む好循環の源となる。研究者が学生を連れてくるパターンもあれば、対馬にハマった学生が指導教員、同級生や後輩を連れて来る逆パターンもある。学生の場合、一度来島すると複数回は再来島し、卒業後も何かしらのつながりを持ち続け、中には移住する者もいる。

域学連携の新展開

大学在学中に地域おこし協力隊員等で長期滞在する学生もいるが、大半の学生は時間が経つにつれて地域との関係が薄れていく。そのため、対馬ファンとして関わり続けられる仕組みづくりは長年の課題であった。また、研究者・学生への研究・教育機会を提供する一方で、地域人材、つまり持続可能な島づくりの担い手の育成が課題となっていた。新たな取り組みとして、域学連携の主要大学教員と議論を重ねながら、「対馬グローカル大学」を構想した。対馬には高等教育機関はないが、域学連携のネットワークをフル活用し、市民の教養や専門性を高め、市民力をエンパワーメントしようという試みである。

国境離島である対馬は、ローカルな過疎問題に加え、海洋プラスチックごみ等グローバルな問題に悩まされている。持続可能な島づくりのためには、地球規模の視野を持ち、地域視点で行動していくグローカル人材の育成が必要不可欠である。ＳＤＧｓのすべての目標達成の基礎をなすのはゴール４「質の高い教育をみんなに」であり、当市ではこの対馬グローカル大学をSDGs未来都市としての主要施策に位置づけ、域学連携施策との統合を図っている。

コロナ禍で見えた新たな可能性

対馬グローカル大学は市民に対面で講義やゼミを提供する予定であったが、コロナで困難に直面した。当市は地域おこし協力隊制度を活用し、「学生研究員」を置いている。域学連携で何度も来島した学生で、長期間対馬に滞在したいと希望する者を任用し、地域視点に寄り添ったアクションリサーチに取り組んでもらっている。現在、生態学と市民科学を専門とする高田陽研究員（明治大学大学院）が対馬グローカル大学の運営を担っている。Z世代であるため、SNSやビデオ会議アプリ等の操作は手慣れており、夕方になると大学院のゼミ等にオンラインで参加している。彼を通じてオンラインの有用性と可能性を実感し、対馬グローカル大学の運営をオンライン形式に切り替えることとした。

対馬グローカル大学は、①Web講義、②オンラインゼミ、③仮想研究室、の三つで構成されている。①は対馬での研究や実践の成果、各分野の学問・実践論を市民に分かりやすく解説いただくものである。島内外の専門家・実務家の協力を得ながら、離島振興論といった総論から、環境、社会、歴史文化、経済、基礎科学や方法論にいたるまで多数の講義を集めることができた。オンデマンド・ライブ両方で「いつでもどこでも誰でも」受講できる講義を提供している。②は、連携協定を有する大学の主要教員を講師に、環境、まちづくり、教育、ビジネス等八つに分かれ、月1回ゼミを行うものである。③は、コミュニケーションツールを用いた受講生・講師・スタッフのオンライン上の交流スペースで、受講生の疑問・質問、関心事項等に応えている。これら三つの学びを通じて教養や専門性を高め、年度の最後に修了発表を行い、市長名で修了証書を授与する。市民修了者を対馬市SDGs総合研究所の市民研究員として登録し、SDGsの推進役として自主的な活動を促進している。

初年度の受講生は150名を超えた。受講生は漁師、農家、UIターン者、高校生や学校教員等さまざまである。また、島外で暮らす対馬出身の高校生・大学生・社会人、そして、来島経験のある都市部の高校生・大学生・研究者・旅行者等対馬ファンも多い。

対馬は都市部から遠く、また島が大きい。行くにも島内で集まるにも地理的なハンデキャップが人の行き交い・出会い・つながりを阻害してきた。コロナ禍でオンラインが注目され、コミュニケーションの形が大きく変わろうとするなか、対馬グローカル大学は対馬に関わる・関わろうとしているすべての人が瞬時にアクセスできるハブとなる。域学連携という生身でのつながりをベースにオンラインでつながり続け、コロナ収束の先には、オフライン世界の域学連携による関係人口の再拡大が待っている。

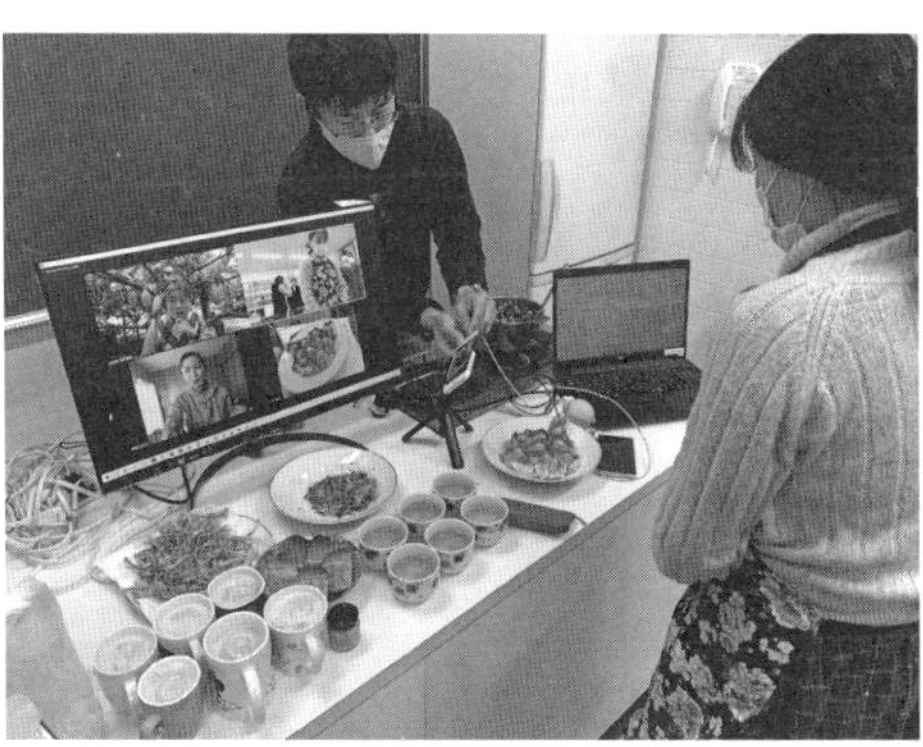

オンラインゼミの一つ「食ゼミ」。「対馬の新たな産品づくり」をテーマとした試作会（出典：対馬グローカル大学 webサイト　http://tsushimagloca-u.com/）

79

行政がつなぐ研究学園都市の科学と地域

前茨城県つくば市副市長　毛塚幹人《けづかみきと》

宇都宮市出身。2013年に財務省入省。国際局、主税局等を経て2017年に退職。同年4月から2021年3月までつくば市副市長を務め、政策企画、財政、経済振興、保健福祉、市民連携等を担当。

財務省からつくば市へ

財務省を退職して着任した、つくば市副市長の４年間の任期を終えました。つくば市との縁を振り返りますと、現在のつくば市長が初めて市長選に挑戦した頃、学生インターンとしてつくば市でお手伝いしていたことが直接のきっかけです。そして、自分にとってつくば市は科学者を目指していた中高生時代から憧れの研究学園都市であり、その後の日本の科学技術を行政から支えるという自身の思いに直結する場です。市長と再会して副市長への就任を打診頂いたとき、これまで取り組んできた点が線でつながる感覚でつくば市の市政を担うことを決意しました。

つくば市には約１５０の研究機関が立地しますが、民間研究機関の流出が相次ぎ、着任当時の市民意識調査でも過半数の市民が科学の恩恵がないと回答するような状況でした。アジア最大の研究都市という地位も、中国等でつくばをモデルにした科学都市建設が進むなかで薄れつつあります。科学万博開催から30年を経て、つくばエクスプレスも開通してベッドタウン化が進むなか、研究学園都市は岐路に立っています。

フットワークの軽い行政が科学と地域を繋ぐ

地方行政は地域との関係性を活かすことで、研究成果の実証実験や社会実装を進める潜在力を持ち、地域との密接な連携は研究の推進にも貢献できると考えています。また、研究成果を生活に取り入れていくことは、地域の今後の持続可能性にも繋がり、つくば市に住むことで未来を先取りすること、そして自分たちが未来を創る一員であることは何より刺激的な経験として地域の魅力に直結します。

この4年間、RPA（ロボティック・プロセス・オートメーション）を活用した業務自動化による定型業務削減、ブロックチェーンによるインターネット投票、自動運転車椅子の歩道走行等、行政として国内初の事例も実現してきました。他自治体でもつくばを前例とする取り組みが拡がり、中央省庁の政策形成にも一部繋げることができています。

これらの取り組みはフットワーク軽く迅速に実現するため、すべて予算を掛けずに実施する工夫を行なっています。予算を要する場合は予算査定や議会などさまざまなプロセスが生じて前例のない事例の実現の難易度が高まるためです。無償化を実現するため、確立しつつある技術も行政では実績要件が参入障壁となるというタイムラグを突いています。研究機関等の行政以外の主体が費用負担してでも行政での最初の実績を作れるというニーズに応えられる仕組みを用意しています。この方法では前例重視の行政に相反して敢えて最初の事例を狙いに行く必要がありますが、このように各自治体が一番を取り合うような世の中に徐々に向かっていると感じています。そして、自治体の強みである地域との調整を徹底して行い、行政的な無謬性に囚われずに実証実験ベースでトライアンドエラーの改善を重ねています。

予算を要する事業についても、通常は外部連携が決まってから翌年度予算で必要経費を計上するなか、つくば市では連携事業が決まっていない当初予算の段階で予算計上しておき外部委員が公開で事業を決定する仕組みにしており、他自治体と予算の前後関係を逆にして迅速な連携を実現しています。

このように、行政がフットワーク軽く動くためのさまざまな連携の枠組みを生み出し、その制度を活かしながら徹底的に地域との調整事を担う。国と地方自治体、そして地域の役割分担により、研究学園都市の再構築は今後も続いていきます。

ブロックチェーンとマイナンバーカードを使用したインターネット投票の実証実験

実践から始まる地域での対話の場

青森県弘前市　佐々木《ささき》絵理《えり》

大切にしたい地域住民の本音と納得感

現場を知り、地域住民との対話を通して想いを聞き、どのように心豊かにそれぞれがこの街で暮らしていけるか。それを形にすることが、自分自身の仕事のやりがいと使命感であると感じています。

また、そのためのスキルとして私が大事にしていることの一つが、「対話の場づくり」に関することです。これまでさまざまなワークショップの場や研修に参加してきましたが、しっかりとデザインされた対話の場や場の運営があると、その場での参加者の変化と参加者同士の反応がとてもパワフルだと強く感じます。

そのような場づくりのノウハウを青森でも広げ、地域住民同士が集まる場でも実践したい。そのために、これまでさまざまな対話の場づくりや仕組みづくりに取り組んできました。

オンオフの相乗効果で広がる対話の場

まず、本業としては、市民協働担当部署の配属時に、課の事業として「まちづくりファシリテーター養成講座」を立ち上げ、市民ファシリテーターの育成に取り組みました。ここでは、講師の先生と講座の企画づくりから一緒に関わらせていただいたり、講座を通して市民ファシリテーターとして活躍するまちを想う仲間もできたりと、私自身大変貴重な経験もできました。

一方で、プライベートではこれまで学んできたファシリテーション・グラフィックのスキルを、講演会やワークショップの場で実践させていただいたり、地域内の興味を持ってくれた団体さんのワークショップデザインのお手伝いをさせていただいたりと、小さな経験を積み重ねてきました。これらの経験から、今では、職場の中でもファシリテーション・グラフィックの活用や実践の機会もいただくようになりました。

コロナ禍で、オンラインでのイベント運営も増えてきたことから、今後もさまざまな対話のあり方をオンオフでチャレンジし、実践していきたいと思います。

デザイン思考を用いた政策形成

滋賀県　澤田有希子《さわだゆきこ》

滋賀県では2017年の夏から2018年の夏にかけて若手職員の有志十数人で「PolicyLab. Shiga」と称し、業務時間外でデザイン思考を用いた政策形成に挑戦した。

複数人へのインタビュー結果に基づきペルソナという架空の人物像（プロフィールや価値観）を作成し、その人物が〝2030年に滋賀県で今より幸せに生活するためにはどうしたら良いか？〟を複数回にわたり検討し、アイデアをブラッシュアップした。

ペルソナを用いた検討は、〝こうである〟という一般的な問題意識を捨て去り、〝その人〟の視点を通じた喜びや不安の中から抽象化される問題を発見することに役立った。また、アイデアは一度形にして終わりではなく、より良い形にするためには早期に改善していくことが必要であると感じた。

この活動を通じて私たちは若手職員から見た庁内における施策構築方法や仕事の仕方への違和感を「知事への提言」として提出し、知事と対談を行った。その後、この提言を受けて滋賀県庁で変化が起きた。

2019年度から「デザイン思考を学ぶ研修」を選択型で導入し、デザイン思考という概念に職員が触れる機会を設けている。

2020年度は知事の号令の下で若手職員が「ポストコロナにおける滋賀県の姿を考える」とし、コロナ禍を経た2030年の滋賀県民のペルソナを地域ごとに複数作成し、コロナ禍の広がりをうけた県民の生活や価値観への影響を分析した。ペルソナが語る喜びや不安はアンケートや統計データだけでは読み取ることができないもので、まるでリアルの人物が語っているようであった。その後、〝その人〟の物語から今まで気づかなかった声なき声をみつけ、コロナ禍を踏まえた新規事業の構築や計画の見直しをした。

施策を利用する〝その人〟の視点で考えること――私はこれからも大事にしていきたい。

82

書かない窓口、始めました

埼玉県深谷市　齋藤《さいとう》理栄《りえ》

　私は、新しいことを始めるのが好きだ。現状維持は苦手で、常に楽をしたいと考えている。

　だから、自分の住む街で働き、業務改善をすることに生きがいを感じている。自分が思い描いたことが形になって、同じ場所に住んでいる人たちのためにもなる仕事はとても楽しい。

　ある日、友人とバイクのライディングスクールに参加したとき、友人が「申し込みをオンラインでしているのに、現地でまた紙の申請書に全部手書きするのは面倒」とぼやいた。その時は、そういうものでしょうと思ったけれど、確かに、今まで当たり前だと思って見過ごしてきた手書き申請という行為が、オンラインでほとんどのことができる日常とずれていることに気づいた。そこから、できるだけ手書きをなくすにはどうしたらいいか考えるようになった。そして、市役所の申請書も書きたくない人が大多数だと知った。

　翌年、運よく窓口改革プロジェクトメンバーになれたのでオンライン申請との重複をなくす「書かない窓口」が実現できた。

　私は、常にアンテナを張ってチャンスを活かせるように心掛けている。そして、いろんなタイプの人との交流が重要だと感じている。趣味の仲間、地元の友人、SNSでつながっている全国の行政関係の仲間達。

　これからも、アンテナと人脈を駆使して、チャレンジを続けていきたいと思っている。

記載台が不要になりました

83

「働く」に視点をおいた横断事業

三重県鳥羽市　齋藤《さいとう》猛《たけし》

私は、2013年から生活保護、2015年から生活困窮者に関することも担当しており、近年は地域共生社会の実現に向けた事業にも携わっています。配属された当初、生活保護等の窓口で対応するケースは、複合的で困難な課題を抱えてしまった場合が多く、福祉の力だけで支援していくことの困難さを痛感する日々を送っていました。

行政には、市民のライフステージごとに、さまざまな事業があります。困窮に陥る前に早い段階から、庁内全体で市民の困窮を意識し事業を進めていくことができないか、福祉という8番9番バッターだけで戦うのではなく、企画・教育・労政・観光等、1番から7番にも登場してもらいたい、そう考えるようになりました。

人口減少・少子高齢、人手不足、観光入込客数、生活困窮等、部局により意識する課題はさまざまですが「働く」という共通の視点で作用しあえるのではないかと、企画、労政、観光の部局に声をかけ「とばびと活躍プロジェクト」を発足しました。このプロジェクトは、とばびと（鳥羽で暮らす人々）が地域でいきいきと〝働く〟＝〝活躍する〟場所・機会を増やすこと、それを助ける仕組みを構築することが狙いです。各課が責任をもって〝働く〟に視点を置いた事業を企画し、見える化をすることで、連携の意識を促します。行政には少なからず縦割りの壁がありますが、壁を超えて連携しようという試みです。

現在、各課のアクションプランは20事業あります。そのなかには、市内の事業者が業務を分解し、多くの方が少しの時間だけでも働ける事業〝プチ勤務〟があります。これは庁内連携だけでなく、市内事業者の協力とアイデアをいただきながら出来あがってきました。

地域共生社会の実現に向けた取り組みが各地で始まっています。鳥羽市独自の地域共生社会が、このプロジェクトを通して、進めていけると確信しています。

RESASでお金の地域循環を高める

高知県　兼松《かねまつ》敬史《たかふみ》

生まれは兵庫県、大学時代は高知県とニュージーランド、GIS関連企業に8年間勤務し、東日本大震災後に福島県西郷《にしごう》村役場に転職し7年勤務（うち2年間は（一財）地域活性化センターに出向）。その後、現在の職場、高知県庁に転職しました。

民間企業時代は、エンジニアとしての技術を身につけながら、離島も含め47都道府県のさまざまな地域を自分なりの視点で楽しみながら、ひたすら出張を繰り返す日々を送りました。

西郷村役場では、情報システムや広報業務を行いましたが、直売所の運営を任され、農業公社に出向する機会がありました。直売所では西郷村の状況をRESAS使って見つめ直し、地域のお金が循環する起点になるように運営を行いました。シンプルですが、地元の産品を人づてに教えていただき、商品化に持っていくことを徹底して行った記憶があります。

転職や出向を通じて、これからは地域の力が試されているフェーズに入ってきていると感じます。新型コロナウイルスの影響により、国内外を含めたインバウンドにどれだけ頼っていたかを改めて感じました。

まずは自分の地域の「あしもと」を見つめ直し、自分の地域の強み・弱みをしっかりと直視することが大切だと思います。「強みを生かす」「地元を誇る」「口コミで広げる」のサイクルを繰り返すことで地域の良さが伸びてくるとともに、これからの地域の生き残りにつながってくると思います。

グランドオープン前日の直売所で（筆者一番右）

自治体と金融機関が地域を想う場—ちいきん会

前金融庁　菅野《かんの》大志《だいし》

国や自治体、金融機関、大学、民間がもっと連携すれば、日本はもっとよくなると思い、彼らが集まる場「ちいきん会」を開催しています。「ちいきん会」は、有料・紹介制・休日開催と一定のハードルを設けることで、地域を想う有志の参加を求めています。その会での議論を経て、動きそうな地域・想いをもつキーパーソンを見つけ、仕事（地域課題解決支援チーム）として伴走支援し、地域の方と共に、必要な施策・スキームを検討する場「地域ダイアログ」を開催します。

地域ダイアログでは、組織の壁を越え、肩書を外した議論を通じて、企画を生みだし、所管の機関に提案します。たとえば、熊本では「起業創業ワンストップサービス」を、石川では、コロナ禍での自治体と金融機関、信用保証協会とのシステム化を実施しています。

また、地域ダイアログのほか、相談者と解決策のある機関をつないできました。最初に「つなぐ」だけではなく、その後も、さらに悩みを聞く等アクターフォローも行っています。

また、未経験の案件は、個人としても現場に入ることで、仕事での活動に活かしています。たとえば、地域の方とクラウドファンディングに挑戦したり、地域で副業人材を仲介するNPOにプロボノしたり、地域で予算がとれない場合は、国等の企画競争入札に挑戦してきました。

現場を見て金融機関と自治体と企画

最後に、地域に想いのある方、ちいきん会のフェイスブックに申請ください！まずは、その行動から始まります。

港区と全国のきずな創生人

東京都港区　溝口《みぞぐち》貴裕《たかひろ》

全国的に人口減少が続いているなかで、人口が増え続け、再開発による新たなまちづくりも進み、多くの企業が所在し、活況が満ち溢れ、発展し続けている港区。

一方、港区の発展は、人、エネルギー、食料、あるいは、水や空気にいたるまで、全国各地域の支えがあってこそ、成り立っていることを忘れてはならない。この思いから、２０１６年４月、全国各地域との連携の推進を目的に新たな組織「全国連携推進担当」が誕生した。組織の立ち上げも含め、設置初年度から私は着任し、現在5年目を迎えている。

港区が誕生して70余年、私は港区の職員史上で一番都外に飛び出した（出張）職員であると自負している。

普段は、情報誌の発行、マルシェ、ワーキングホリデーの実施、特産品の商品開発など、全国の魅力を区民に発信するため、さまざまな自治体とコラボした取り組みを積極的に実施している。全国の魅力を肌で感じて、企画を立てることが多く、公務員でありながら、民間の営業マンのように年7~8回、4年間で30回程度、フットワーク軽く日本国内を飛び回り、多くの地域の皆さんとの絆を深めている。

今後も築きあげた絆を生かし、区と全国各地域が互いにアイデアを出し合い、何気ない都会の日常に全国連携というほんの少しのスパイスを加え、区民の暮らしを今よりもっと幸せにしていきたい。

次はどのまちと、どんな面白いことを考えていこうか。

ベイエリアの公園で「全国連携マルシェ」

職員の震災経験を未来へつなぐ

―職員間伝承の取り組み

宮城県仙台市　柳谷理紗《やなぎやりさ》

「自分が経験したこと以外、何が起こっていたのかわからない」「再び災害が起こったら、私達が助けられた過去の災害経験を持つ職員のように行動できるか不安」これは東日本大震災が発生の約半年後、仙台市職員有志団体ＴｅａｍＳｅｎｄａｉのメンバーが集まったときに話された言葉です。それをきっかけにチームでは職員の震災体験のヒアリングを開始。語り部の会開催や、朗読原稿の作成、災害シミュレーションゲーム「クロスロード」問題づくり、震災伝承イベント開催などを行ってきました。

２０１８年度からは、大学・仙台市・有志職員での共同事業に発展し、災害エスノグラフィという手法を用い、災害対策本部・消防・避難所・集団移転・り災証明・学校再開・遺体安置などをテーマに、これまで25回、延べ67名のヒアリングを実施。現在仙台市ではこれらの記録も活かしながら、職員間伝承プログラム事業を推進しており、私自身は、有志と職務、両方の立場で、職員間伝承の取り組みに関わることになりました。

発災当時、私は入庁して3年目でした。いつか息子夫婦と暮らすことを楽しみにしながらも耐震改修工事が完了したばかりの家が津波で流され亡くなった住民。まちが流され「今後のまちづくりを考えたいが皆バラバラに避難し話合いができない」と訴える住民。「食料は近所で助け合っているけれども水は申し訳なくてお願いできなかった」と話す老夫婦。地震で擁壁が崩れ家が傾き自らも避難しながら「隣近所からも責められ申し訳ない」と涙を浮かべる住民。当時は聞くことしかできませんでしたが今でも心に残っています。

再び悲しみが繰り返されてほしくない。聞いた声を解決の方向に動かしていける可能性のある「行政職員」でよかったと心底思ったことを、市職員である以上自分自身が忘れたくない。職員の震災経験を扱い続けているのはそのような理由だと、改めて思います。

7

さらに大きく飛び出す

自治体から自治体へ、横に飛び出す

（一財）地域活性化センター　吉弘拓生《よしひろたくお》

1981年生まれ、ラジオDJ、森林組合職員を経て、うきは市役所入庁。2015年群馬県下仁田町副町長。2019年4月から現職。

市職員から副町長へ

2015年3月、議会に提出された副町長選任に関する議案に同意をいただき、同年4月1日付で群馬県下仁田《しもにた》町副町長に33歳で就任した。時を同じくして内閣府では「地方創生人材支援制度」で多くの同世代の官僚たちが市町村長の補佐役として派遣された。国家公務員等が人事交流で副市町村長になる事は多いが、私は地方公務員。しかも市役所の一職員だ。基礎自治体の職員が他県の副町長となるのは前例のない異例中の異例の人事であった。辞令交付も異例づくしで、3月末付で交付された辞令は「辞職を承認する」であった。つまり、退職金通算の規定から外れる、完全な退職である。

特別な想いを持って入庁したうきは市役所を離れ単身で群馬に行く事は期待よりも不安のほうが強く、複雑な想いであったことを今も覚えている。しかし、その日の私には「この異動が当たり前になる時代を作りたい。その前例となろう」と心に秘めた想いがあった。

町にとっては約8年ぶりとなる副町長である。私の使命は喫緊の課題であった地方創生のかじ取り役としてこれまで培ってきた経験を生かすことはもちろん、よそ者だからできる視点で町民の皆さん、町職員の皆さんと協働で取り組むことだ。そのため、各方面からの協力も受けながら、さまざまなプロジェクトに挑戦できた3年間でもあった。なかでも注力したことは「人材育成」である。私には「任期」という期限があり、いつまでも先頭に立つのではなく、これからを担う職員達が飛び出しやすい環境を後押しすることこそが、私にできる役目でもあったからだ。その私を支えてくださった町長、議会議員、職員、町民の皆さんには感謝しかない。

平成から令和へ

平成から令和に時代が変わった2019年。一人一人の想いが咲き誇り、人が輝く時代、それが令和という新しい時代。福岡市では、国家戦略特区制度を活用し「民間企業に転職し、3年以内であれば復職を認める」という制度が発表された。心から嬉しかったニュースの一つだ。また、2011年以降に退職(転職)した職員であれば、復職を可能とする制度も打ち出した自治体が出てくるなど、決して私が制度設計に関わっているわけではないが、多様な働き方が認められるという社会変化を目の当たりにして、「自分らしく輝いて生きることができる仲間が増える」と、希望に満ちあふれる思いになった。

異動も働き方も多様な選択肢が選べる時代に入った。さまざまな経験を積み、全国の公務の現場で経験を活かす人事、期限付きレンタル移籍やワンポイントリリーフのような特命の仕事を持った「地域間の異動」が広がることを切に願っている。そこには、人口減少社会であり限られた人員であるからこそ、人材を大切に育ててほしいという願いがこもっている。しかし、その根底には「自分」というベースではなく必ず「地域」がベースでなければならない。地域に根ざした人材育成につなげてゆくことが、結果として「地域愛」に繋がるものではないだろうか。わずか3年間ではあったが、常に心のどこかで群馬のこと、下仁田のことを思っている自分がいる。うきは市だけではなく、下仁田町も故郷になった。恐らく、異動がなければ出会わなかったかも知れない。

一方で、課題もある。私のように、基礎自治体職員が他の地方に異動する際に、地域やポストによってはその職員に不利とならない条例の整備や体制整備が不可欠だ。特に20代、30代は仕事以外にもプライベートの充実を図る一番大切な時期でもある。この時期に片道切符ではないかもしれないが、将来に不安を残すような事は異動するうえでの大きなハードルになる。地方から地方への基礎自治体間の異動や任用は特にそうである。この点を是非改善し、挑戦しやすい環境づくりも私たちが取り組むべき制度改正であり私の使命だ。

このように横に飛び出す公務員を後押しするためには大きなハードルもあるが、解決できない訳でもない。1千741の自治体が条例を制定するのもいいし、法律一本で解決できる可能性もある。

「地方から笑顔を、国から希望を」。私が願う横の異動の実現に向けて、これからもあらゆる視点から提案していく。これらが解決された未来は、私たち飛び出す公務員にとって、いや、地域づくりを担うもの達にとってワクワクする時代に違いない。

89

県から一番小さな自治体に飛び出す
——小さな声が発想の源

愛知県豊根村（元愛知県）
青《あお》山《やま》幸《こう》一《いち》

1967年愛知県岡崎市生まれ。愛知県職員を経て、Iターンし、豊根村役場に入庁。2019年から農林土課長。仕事のかたわら、地域活動や県内唯一のスキー場でのスキー指導、星空ガイド等を楽しんでいる。

まずは、地域に出て学ぶ

当時、県職員であった私は、人事異動で過疎地域の地域振興の担当に異動した。しかし、いままで過疎地域のことは、恥ずかしながらまったく不勉強であった。知らなければ何もできないという思いから、週末ごとにイベントに足を運び、まずは情報を集めることにした。毎週足を運ぶうちに、業務上の書類だけでは見えてこない地域の生活感が分かってくる。外からの目で見ると、資料には「自然が豊か」と表現されている魅力が、本当は地域住民が持つ人間の魅力だということに気づくようになる。魅力的な自然に触れ合うために訪れるのではなく、その地域の人に出会うために訪れるようになっていった。かたや魅力である自然が、鳥獣被害や平地が少ない等の地域課題と表裏一体であることも見えてくる。良い面と悪い面が見えてくれれば、どう活かすと地域にとって良いかが見えるようになってくる。いままで会議室や資料では見えなかった地域のことが実感をもって感じられるようになった。

関心さえもてば、なんでも得意分野にできる

地域との関わりから多くのことを学んだ経験から、もっと地域から学びを得たい欲求が大きくなり、県内でも一番小さい基礎自治体に転職した。同じ公務員でも、人口750万人の県と1千人の村では、大きく感覚が違った。

一番違うのは、どんな業務でも自分で一から十までこなさないといけないことだ。小さな自治体は、職員数が少ないから担当の人数も当然少ない。というより、担当は自分一人。たくさんの分野の業務をすべて自分一人でこなさなければならない。農業・林業・水産業と通常何人かで対応する業務を一人で担う。同じ課には観光担当も商工業担当もいる。柱を隔てた後ろには、別の課ではあるが、福祉・医療・税務・土木の担当がいる。詳しく聞こうと思えば気軽に聞くこともできるし、いろいろな分野の話が自然と耳に入ってくる。これは、関心さえ持てば、なんでも学べる最高の環境である。

さらに大きな要因となっているのは、小規模な自治体では予算が非常に限られていること。予算がないから、経費がかかる専門家にはなかなか頼めない。そのため先輩に聞きながら、自分自身が学び、考え、地域にぶつけてみることになる。地域の困りごとは、その地域特有の課題を抱えていることが多いため、地域性の影響が大きく、専門家に聞いても答えがマッチしないことが多い。小さな声であっても地域の声をよく聞いて、自分自身で考えることは、地域住民の困りごとをダイレクトに解決する政策につながったと感じている。

また、小さな自治体に住んでいると、昼間8時間は公務員として勤務するが、夜間や休日は、自治会や消防団、お祭り、集落のお付き合い、草野球などなど、地域住民の一人としての役割を数多く担う。私も長年、自治会の事務局など地域活動を経験したことは、より地域目線で考える良い機会となった。

そうした経験から多くの事業を立ち上げることができた。まだ他の地域では行われていなかった木材の山主直接買い取り制度や、行政での直営の製材工場「とよね木サイクルセンター」の設立、全国初の過疎地域有償運送事業となった「がんばらマイカー事業」、地域住民による会社設立となった道の駅建設、鳥獣被害防止の担い手が足らない話から生れた「わな特区」、ちょっとした会話から始まった「チョウザメ養殖」などなど。地域の困りごとを聞くなかで、生まれた活性化策は多い。そして、なにより自分自身が多くの学びを得ることができた。関心を持つことで、とても幅広い知識を得られることも、住民の近くでサービス全般を担う公務員ならではの特性と感じている。

小さな声を聴くことが発想のもと

地域づくり推進室という部署の立ち上げにあたり「全戸回り」と銘打って、村内全戸を訪問して話をするという企画を提案し実施した。約600世帯という小規模自治体だからできた企画であるが、小さな声を聴くことで非常に大切なものが得られた。全国初めてとなった郵便局との連携による地元商店の商品を翌日届ける買い物支援サービス「おつかいポンタ便」も小さな声から生まれた取り組みだ。

また、村の総合計画を策定する際には、地域の声を活かした計画づくりとするために、専門コンサルに委託しないで、手づくりでつくることにした。ある住民と話しているときに、「総合計画って知らない」と言われたことがきっかけだった。自治体では政策の基本として総合計画を置いているが、それを住民がまったく知らない。それではダメだ。新しい総合計画策定の目標を「住民が覚えている」にしようと決めた。そのため、住民と徹底的に議論を重ねたことは言うまでもないが、「覚えている」を大切にしたので、出来あがった総合計画は、住民の標語による全8ページという「最軽量級」の総合計画となった。これも、地域の思いを形にした一つと思っている。

全国のモデル的取り組みが、うち村の地域課題の解決につながるわけではない。地域ならではの課題をみつけ、地域住民とともに解決していく。現在、豊根村では、さらに地域との関係性を進化させて、「地域のことは地域でやってもらう」こととする行政と地域の役割分担体制へと取り組みを進めている。

総合計画の付属資料は、このフェイスタオル。住民作成の総合計画（標語）を毎日使える形にした。

地域に飛び込んでいくことで、いろいろな気づきが生まれてくる。人口が減少し、AI技術が進展するなど社会構造が大きく変動する時代にあって、それぞれの地域ごとに、その地域らしい違いを際立出せることがより大切になっていくなか、公務員として、地域に飛び込んで新しい地域の原石を見つけ出す楽しさを味わってほしい。

架け橋人材による楽しいまちづくり

滋賀県栗東市　竹山和弘《たけやまかずひろ》

1972年生まれ、龍谷大学法学部卒業。栗東市役所に入庁。社会人大学院での研究活動と地域活動の両輪で学位を取得し、大学講師や地域活動を実践。

二つの転換期

人口減少社会にある今日、まちづくりは二つの転換期にある。一つは、行政主導から市民主導への主体の転換、もう一つは外発型から内発型への手法の転換である。地域社会はまさに、住民自治によるまちづくりの実現が求められており、いかにして実現することができるのかに関心をもっている。ここで言うまちづくりとは、地域社会における地域活動や行事、レクリエーション活動などを幅広く含めており、いずれのカタチにせよパブリックな活動を示している。たくさんの参画者を集めるためには、まちづくり活動は楽しくなければ実現しないし、多様であるためには、多くの活動に共感し、受容する姿勢が求められるだろう。そのとき、私たち公務員も、地域に飛び出す一員として、地域社会の担い手であるだけでなく、さまざまなカタチで先導的な役割を担うことも公務員としての本分ではないだろうか。

地域に飛び出す公務員と公務領域の3類型

職務上で担当したまちづくり活動に向き合いながら、社会人大学院生として研究を進めるなかで出合ったのが「地域に飛び出す公務員ML（メーリングリスト）」である。ここでの情報収集や情報交換等を通じて、多くの公務員が多様なカタチで地域へ飛び出していることがわかり、心強さ、共感、リスペクトを覚え、モチベーションを分けてもらったように感じている。

また、自分自身の関心にも重ね合わせ、地域への飛び出し方の多様性を感じるなかで、飛び出すってどういうことなのかを考えるようになったのだ。そして考案したのが「公務領域の3類型」である。

「公務領域の3類型」とは、最小限型、追求型、個人活動型という三つの類型に分類したもので、最小限型とは、法令や例規で実施しなければならない公務を指している。

追求型とは、政策目標の実現のため、創意工夫により新たな公務を追求していくものである。別の言い方をすれば「実施したほうが良い公務」であり、実施しなくても不作為とはならないプラスアルファの公務と言える。

そして個人活動型は、政策目的や地域課題の解決などのパブリックに貢献する個人活動を指している。紙幅の都合で詳細の紹介は、拙著の『まちを楽しくする仕事』（水曜社）をご覧になっていただきたいと考えるが、地域に飛び出す活動は、追求型か、個人活動型かのいずれかに大別することができると考えている。

架け橋人材

公務領域の3類型を自らの活動に照らし合わせてもう少し見てみたい。以前、担当していた空き家対策では、多様な先進事例を参考としながら、栗東市に相応しい空き家施策を模索していた点で追求型の公務に分類される。また、「NPO法人くらすむ滋賀」を設立し、独自の空き家利活用に向けた活動は、個人活動型の典型と言えるだろう。

このほか、市のまちづくりに貢献するという意味では、龍谷大学との包括連携協定に基づき、龍谷大学社会学部の講義「まちづくり論」の講師を担うようになった。これは、職務として向き合うことができるようになったこともあり、追求型とも個人活動型ともいえるだろう。

協働・連携すべき多様な主体を「産公民学際」と呼ぶことがあり、地方創生では「産学官民金労言」などとも表現されている。まちづくりに関わる主体として、いずれかの立ち位置から向き合うことが通例であるが、協働・連携関係を深める方法の一つとして、複数の立ち位置から活動できることに注目したい。まさに「まちづくり論」の講師を担うことは、「官」(行政職員)だけでなく「学」(大学教員)という立ち位置からもまちづくりに向き合うことができるのである。こうした複数の主体をつなぐ人材を

NPO法人くらすむ滋賀の活動

「架け橋人材」と呼んでいる。つまり、主体間の接続役であり、それぞれの立ち位置をいかして協働・連携を進めることができるのだ。このような活動が拡がり、各自の特技や特長をいかすことができれば、たくさんの「楽しい」まちづくりがまちにあふれることになるのではないだろうか。

次のステップへ

先述の「NPO法人くらすむ滋賀」は、多くの活動をともにしてきたメンバーとともに設立し、具体的な活動の準備を進めているところにある。今後、深刻化が懸念される空き家対策を切り口として、地域のまちづくりに貢献していきたいと考えている。そして、多様な専門性をもつ仲間たちとともに実践活動や調査研究に向き合うなかで、新しい活動や「楽しい」が拡がっていくのではないかと期待している。

また、この他にも、まちづくり活動を積極的に進めるメンバーが、さらにつながり合うことで、「足し算ではなく掛け算の関係をつくろう」と「アールクロス」というプラットフォームづくりも進めている。まちにはたくさんの熱い人材が溢れており、こうしたメンバーの熱量をつなぎ合わせるだけで、相乗的な「楽しい」が生まれるのではないだろうか。多様なカタチでまちづくりを楽しんでいきたい。

アールクロス集会

求ム！政治に飛び出す公務員

衆議院議員政策担当秘書（元北海道）
石井《いしい》あゆ子《こ》

1975年生まれ。北海道庁に入庁後、北海学園大学夜間部法学部政治学科卒業。松下政経塾出身。元北海道上士幌町地域おこし協力隊員。

最初の転機

私の公務員人生で最初の転機は入庁4年目のこと。北海学園大学の夜間部法学部政治学科への入学であった。公の仕事を希望して北海道職員になったものの、実際に役所の仕事をしてみて、困っている人たちの力になるためには、自分自身が仕事に係わる専門的な知識をもっと勉強しなければならないと考えるようになった。そして、社会人選抜試験を経て同大学に入学することとなる。入学後、私は「地方公務員論」という授業で、森啓教授（当時）から強烈な一撃をくらう。

「この授業には、たくさんの現役の公務員の方が参加している。でも、役所で長年勤めていると、まわりに流され、慣習に馴染み、入庁した頃の志を忘れて『屍』になってしまう。皆さんはここで学んだことを活かして、『屍』にならないように」。

森教授のこの言葉は、私の心に深く突き刺さった。そして、この言葉を胸に、大学卒業後、札幌を離れ、倶知安町《くっちゃん》にある後志《しりべし》支庁（現後志総合振興局）地域政策課に赴任した。ここで二つ目の転機が訪れる。先進自治体と言われている、ある町の若手職員からの一言だ。

「北海道職員は、どこを見て仕事をしているのか。国が決めたことを伝達するだけで、市町村のほうを見ていない。そんな北海道庁はなくても良いのではないか」。

私は自分なりに、市町村や住民のことを考え仕事をしているつもりだった。しかし、その思いは伝わっていなかったのだ。私はとても落ち込み、自分が「屍」になりかけているのではないかと本当に悩んだ。そして、悩んだ末に出した結論が、行政から離れ、より住民に近いであろう政治の仕事に携わって公に尽くすことだった。政治が良くなれば、行政の慣習を打ち破れるのではないかと考えたからだ。今思えば、大変に青臭く、単純な発想だが、真に純粋な思いだった。

とはいうものの、私には政治の世界に飛びこむためのコネクションはまったくなかった。そこで、神奈川県茅ケ崎市にある松下政経塾を受験し、27期生として入塾することにした。松下政経塾では、「北海道振興」と「住民自治の確立」について、全国の自治体や国の現場に飛びこみ、調査研究を行った。

地域おこし協力隊員になる

その後、家族の急逝により、私自身、一旦北海道に戻ることになる。そのときに選択した仕事が「地域おこし協力隊」だ。「地域おこし協力隊」の生みの親である椎川忍総務省地域力創造審議官（当時）に相談し、北海道上士幌町に飛びこむことにしたのだ。東京から突然やってきた私に、竹中貢町長をはじめ、上士幌町役場の皆さんは大変驚いたと後で耳にした。

上士幌町《かみしほろ》では、商工観光課に籍を置き、町民の皆さんにご協力いただきながら、まちおこしに取り組んだ。竹中町長は、新たなことにどんどんチャレンジする方で、当時、まだメジャーではなかった移住促進やふるさと納税、観光振興に果敢に挑戦していた。町長を筆頭に、役場の職員が休日返上で必死に頑張っている姿を間近で見て、政治と行政の役割の重要性を再認識すると共に、過疎地域の厳しい現実を痛感し、人口減少時代の地域の行く末がとても心配になった。そして、国・都道府県・市町村の行政の現場で、多くのことを経験させていただいた自分が取り組むべきは、政治の仕事なのではないかと改めて考えるようになった。

議員秘書になる

ちょうどその頃、松下政経塾時代の親友が、衆議院議員選挙に挑戦することになり、埼玉県に来て、手伝ってくれないかと声を掛けてくれた。第二のふるさとになった上士幌町を離れることはとても寂しく、名残り惜しかったが、竹中町長にも相談のうえ、政治の仕事に挑戦してみることにした。そして、現在にいたっている。

政策担当秘書になってはや8年が経過した。議員秘書の仕事は、政策的な仕事もあるが、いわゆる選挙の仕事も多い。政策と選挙は両輪であり、民主主義の根幹を成すものだ。選挙区の皆さんの声を聞き、コミュニケーションを取ることは、単に票を入れてもらうためではなく、一人一人の声を政治や行政に反映するために必要かつ重要な活動である。

これは個人的な感覚だが、公務員として働いていた頃より、政治の仕事に就いてからのほうが、耳の痛い話も含め、地域の生の声を直接聴けるようになったと実感している。政治には選挙があるので、結果を強く求められる。このことが緊張感につながり、より真摯に地域や現場の声に向かわせているようにも感じる。大半の公務員は、組織的な慣習や行動を重視し、役所の枠からはみ出るようなことは慎むだろう。そのような行政の体質を補完することが、政治の重要な役割の一つだと、議員秘書の仕事を通じて学んだ。特に、私たちの生活に直結する内政の分野において、この補完機能はとても重要だ。

私は、私たち一人一人の生活をよりよいものにするためには、地方分権を進めるべきだと考えている。その理由は、多様な地域の声を政治や行政に反映するためには、より身近なところで意思決定が行われるべきと考えるからだ。そして、地方分権を進めるためには、これまで以上に、政治を通じて、行政の体質を補完できる仕組みを構築する必要がある。その仕組みを構築するうえで最も重要なのが、政治に携わる「人材」だ。「飛び出す公務員」の皆さんには、まさに適任の仕事だと私は思う。

私は衆議院議員の秘書として、この課題に挑戦しているが、もっとたくさんの「飛び出す公務員」の方々に、政治の世界でこの課題に挑戦してほしいと思っている。国会議員でも、首長でも地方議員でも、議員秘書でも政策スタッフでもOKだ。地方分権を実現するため、公務員の経験を活かして、政治の世界で活躍してみてはどうだろうか。飛び出し先を迷っている方がいたら、私は、政治の仕事をおすすめしたい。

早期退職し、その後を全力で駆け抜ける

エーゼロ株式会社（元滋賀県）　清水安治《しみずやすはる》

1961年生まれ、滋賀県庁で建築課や企画調整課に在籍し、高島市出向を経て2015年に早期退職。エーゼロ㈱の創業に参画し、高島市森林組合の組合長も務める。

今から10年前、それから5年後

今からちょうど10年前、２０１０年の秋。「地域に飛び出す公務員ネットワーク」の立ち上げを発起された椎川さん（当時、総務省自治財政局長、現地域活性化センター理事長）からご連絡をいただき、滋賀県庁からも地域に飛び出す公務員を支援する活動に参加してほしいという依頼を受けた。あれこれ県庁内で調整し、その後、滋賀県知事も含めた首長連合が設立され、現在の活動につながることになる。

当時の滋賀県知事からは、「何事も『始め』なければ『始まり』ません。公務員には勇気をもって地域に飛び出し、チャレンジを始めてほしい。そうすれば地域の未来を自ら拓き、創ることができます。そこに、公務員としてのやりがいと誇り、存在意義があると信じています。『できるか、できないか』ではなく『やるか、やらないか』です」というメッセージを受け取った。

私は、その後、滋賀県庁から地元の市役所への出向を経て5年後、つまり今から5年前に県職員を早

期退職し、岡山県西粟倉村に本社を置くエーゼロ株式会社の創業時から、滋賀県での拠点である地元の高島市を中心に活動している。また、同時に地元の森林組合の役員として5年前から経営に参画し、現在は組合長として地域林業の担い手となる新たな役割を探っている。

遡ること20年前

これまでのこの10年間もさることながら、椎川さんからの依頼を受けた時よりさらに10年前、つまり今から20年前のあるきっかけがその後の私のスタンスを決めることになった。

子どもの頃は大工職人になることにあこがれ、中学3年生の夏には自宅の敷地内に3階建ての木造の隠れ家を建てた。その頃の建築への想いを抱いたまま大学の建築学科を卒業後、滋賀県庁の建築技術職員として公共建築の設計施工や住宅の施策に関わることになる。そして、30歳代後半にさしかかりいよいよ自宅の建築にとりかかる。

当時は真新しい発想やモノ創りにこそ価値があると考えて、足下の地域や過去の歴史への関心はさほど持ち合わせていなかった。自宅の建て替えにとりかかり直面したのが、すでに古びた家屋をどうするのか?そして、何で造るのか?この自宅建築というマイプロジェクトを進めるうちに、それまでないがしろにしていた私が暮らす地域と家族の歴史に向き合うことになる。まさに「灯台下暗し」だ。

自宅を木で造るために改めて足下を見つめるなかで、地域にある資源や受け継がれてきた歴史の価値に気づいた。それまで住み継がれてきた古い民家を再生し、先祖が植えた地元の山の木を使い、地域の職人による伝統的な技術で造るという選択をする。

そして、このマイプロジェクトを通じて、地域にあるモノ（木材）とヒト（職人）とコト（伝統）の「かけがえのなさ」に気づくことになる。

この価値のある経験を他にも伝えたいと考え、すぐさま地域産材の家づくりや古民家再生のネットワークを組織し、本格的に地域に飛び出す公務員活動を開始した。また、公共建築にもこの経験を活かし、複数の建築プロジェクトで地元の木材を使う具体的な成果を発揮することにもつながった。

その頃、県庁では企画調整課へ配属され、モノづくりを支えるヒトづくりやコトづくりにも活動を拡げた。たとえば、ヒトづくりである滋賀県立大学の近江環人地域再生学座の開設や、コトづくりにつながる空き家を活かすための都市から地方への移住促進など、建築に留まらない活動へと拡がり、そのネットワークの中で椎川さんとも出会い、今から10年前に冒頭の依頼を受けることになる。

そして今

この20年間を経て、前述したとおり、エーゼロ株式会社の創業に参画し役員として、同時に地元の森林組合で組合長として経営を担い、現在は、いわゆる二足のワラジをはいている。

建築コンサルタントとしてそれまでの活動を深化させるとともに、地域が人口減少や高齢化に直面し、継承が難しくなりつつある農業や林業に新たな価値を生み出すことや、障がい者と連携する、いわゆる農福連携による地域福祉活動を開始している。エーゼロとして1人から始めた高島での事業は、今では職員が十数名、障がい者が十数名の併せて30名を超える規模での活動となっている。地域の課題に向き合いたいという想いで、一定の「量」をも追い求め、地域を好循環させるインパクトを生み出すことを目標としている。

一方、森林組合では、地域林業の担い手として新たな価値を生み出す展開を試みている。私が経営に加わった5年前は林業の新しい動向から立ち後れ、赤字経営に苦しんでいたが、その後、経営手法や組織体制を見直し、当時に比べて木材搬出量を約3倍に引き上げ、経営規模を拡大しながら経営の安定を実現しつつある。

障がい者と連携する農業経営

10年間とさらなる10年間

本来なら今年度末で公務員としての定年退職を迎えることになるが、5年前に65歳までの10年間なら、まだまだ体力的にも精神的にも全力で駆け抜けることができると考えて退職の決意をした。60歳からの新たなチャレンジは厳しい。現在、退職後5年を経て、次の5年間で地域の新しい風景を自らが創るための明確な足がかりを得ている実感がある。とにかくこれからの5年間にワクワクする。そして、その後のさらなる10年間は、体力的な衰えともつき合いつつ、次の世代への引き継ぎを意識した役割が担えたらという思いでチャレンジを楽しみたい。

公務員へ贈る言葉──住民自治を意識して

佐賀県　岩永幸三《いわながこうぞう》

1962年生まれ、1985年佐賀県庁入庁。県庁生活の1/3を県民協働課、さが創生推進課といった地域づくり系に従事。認定NPO法人日本IDDMネットワーク副理事長兼事務局長。

「地方自治の本旨」って？

日本国憲法第92条の「地方自治の本旨」には「団体自治」と「住民自治」が含まれると。団体自治はわかる公務員は多いと思うのですが、住民自治をわかってくれる職員はどのくらいいるのかなと思います。役所が主導するのではなく、私のボスである山口知事が語る「自発の地域づくり」だと思います。住民が自ら考え行動する社会、それをひと押しするのが私たちの役目かと。課題ばかり指摘するのではなく、トライ&エラーでやる気を増して取り組んでもらえるようにする、そんな職員が望まれると。

そのコツは、住民と本音トークができること、「NO」ではなくわずかでも可能性のあるところを一緒に考えて、行動して、「こうしたらできる」を一緒に実践することです。

そのマインドを身に着ける早道は〝プラスワン〟活動。

プラスワンで地域活動

佐賀県庁は「仕事や家庭のほかに、もう一つ社会的役割を持ちましょう！」とCSO（市民社会組織）活動を勧めています。

こうした活動を経験すると、役所を外から見ることができ、おかしい所が見えてきます。見えてくると公務でおかしいことをやらなくなると。

さらに私の場合、CSO活動の経験が、初めて部下を持つときにとても役立ちました。自らの20年以上に及ぶCSO活動経験で、これまで役所と闘った経験も？

悪名高き？「協働化テスト」

2006年度から担当した「協働化テスト」は、日本初の「国連公共サービス賞」（2010年「政策策定過程への参加を促す革新的メカニズム」部門第1位）を受賞し、それに続く協働提案制度で、佐賀県はCSOが活動しやすい県になったと思っていますが、県庁内部の評価は？

所属長として最後の協働、佐賀県地域おこし協力隊ネットワークとの「地域おこし協力隊支援事業」を終えたところで、これからの職員に向けて伝えたいことは、成功のコツは、役人の価値観ではなく、住民の価値観を理解すること。それには傾聴と同意のスキルが重要だと。

ＣＳＯ指定ふるさと納税で10億円

佐賀県庁はＣＳＯを指定してふるさと納税ができます。いただいた寄付額の10％が県庁の財源、90％がＣＳＯの活動財源となります。２０２０年度は10億円近くが寄せられました。

私は最初のきっかけを作っただけですが、佐賀県は「自発の地域づくり」が確実に進んでいます。

監査の視点

意外に思われるのが、私が監査委員事務局に2回勤務したことです。「そんな仕事もできるんだ?」と。

監査委員事務局時代に言っていたことは、補助金とかを何に使ったかではなく成果に着目せよ、継続性に着目せよと。

その時のことが、「自発の地域づくり」の実働部署「さが創生推進課」時代に自分に跳ね返ってきて1年半ではありましたが、とても刺激的な日々を送ることができました。支援した取り組みも協働の取り組みもこうした監査も通して改善につながらなくてはなりません。

〝ＣＳＯがやる気を増す〟職員へ

１９８５年に入庁した頃は、県庁と自宅を往復するだけで仕事漬けの毎日。岩永君は24時間働けるねと言われたことも。上から目線の生意気な公務員。それを転換するきっかけをつくってくれたのが某N

ＰＯ法人の故Ｔさん。県庁前の堀端で（生意気な）お前のビラをまくぞ！と。人の話を最後まで聞くことの大切さを教えていただきました。42歳でそれに気づく愚かな私。

いまだに、後輩たちからどうやってＣＳＯの人たちと付き合えばよいのかわからない、ＣＳＯ間で対立があってどう対応してよいかといった相談を受けます。

この愚かな私からの最後のメッセージですが「一生懸命であればあるほどぶつかるのは当たり前」「（常に）なるほど」と思うことこそが住民自治の秘訣だと。

退職後の夢

ＣＳＯ活動をきっかけに大きく変わった県庁人生も残り1年半ほど。42歳で退職しようと思いましたが、辞めずによかった。

私のような変わり者を許容してくれた知事と佐賀県庁に感謝し、最後は、佐賀から1型糖尿病根治という世界基準を創り出して、佐賀県への恩返しをして自分の人生を終えられるよう頑張ります！

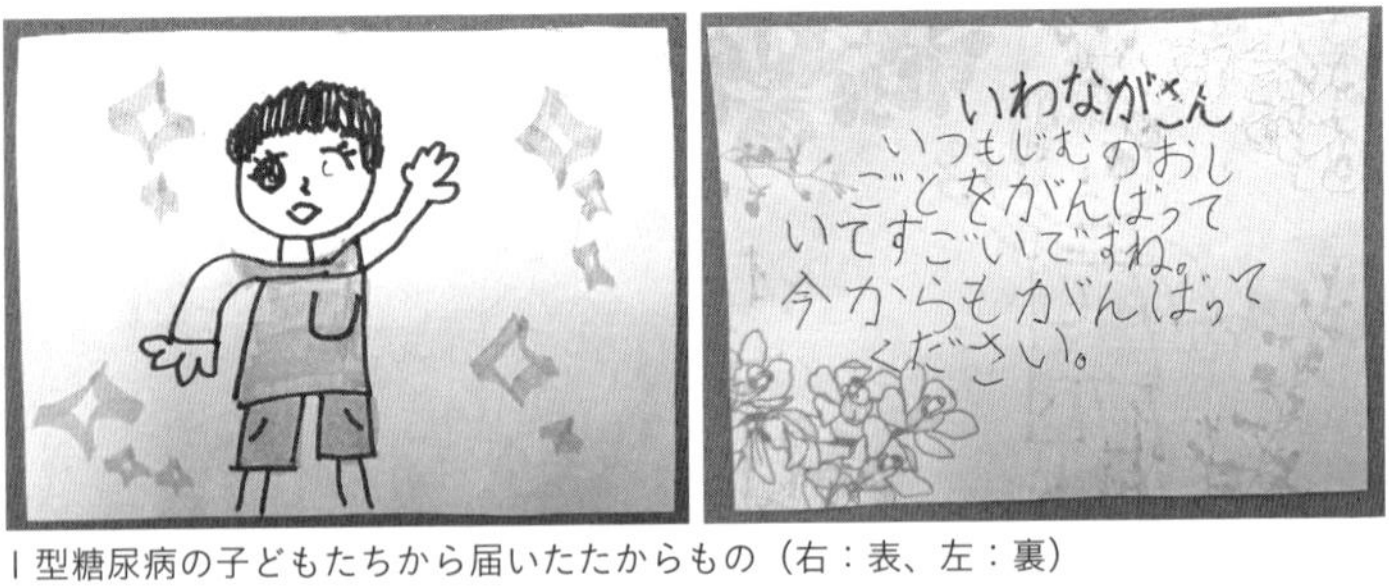

1型糖尿病の子どもたちから届いたたからもの（右：表、左：裏）

ライフワークは地域おこしと人材育成

地域活性化センター理事長（元総務省初代地域力創造審議官）

椎川《しいかわ》 忍《しのぶ》

1953年生まれ。東京大学法学部卒業。1976年自治省に入省、地方勤務を経て総務省で自治大学校長、自治財政局長などを歴任。2014年から現職。移住・交流推進機構業務執行理事。

政策立案・遂行の最前線にいた現役時代

思い返してみれば、現役時代には若い頃から他の人が手をつけないクリエイティブな仕事をしてきた自負がある。

30歳そこそこの消防庁の課長補佐時代には、1963年の救急業務法制化以来の懸案であった消防法第2条第9項の救急業務の定義規定の改正（カッコ書きに「応急の手当を行うことを含む」を挿入）、救助隊の装備基準の法制化、国際消防救助隊の創設、国産救急ヘリの開発などに取り組んだ。今でもおそらく自治系採用のキャリア官僚としては最長不倒の連続3年間の消防庁課長補佐勤務の最後の半年間は、それまでの調査を踏まえてアメリカの危機管理庁（FEMA）に人事院の在外研究員として留学、ワシントンの本部およびサンフランシスコの第9事務所のほか、全米70都市を訪問調査した。

40歳の頃は島根県勤務だったが、総務部長として吉林省との友好交流のきっかけを作り、県立4年制大学の構想から創設、高度情報通信網整備計画の策定、県庁内光ケーブル敷設、ふるさと島根定住財団の抜本的改組、出前県庁の実施などをした。

50歳代には、総務省自治財政局で共同発行公募地方債や住民参加型ミニ公募債の創設といったそれまでの人たちが提案だけして一向に進んでいなかったものを実現させた。さらに自治大学校長としては、経営改革と政策研究大学院大学の修士課程とのダブルスクールを実現し、初代地域力創造審議官としては、定住自立圏構想の制度化、地域おこし協力隊制度の創設、「緑の分権改革」という政策（現在の地域経済循環創造事業、ローカル10000プロジェクト）の立ち上げもした。

もともと私は自治省、総務省で17年間にわたって地方財政に携わり、地方財政の専門家といってもいいと思う。係員から局長まで、特に課長は7年間自治省財政局と総務省自治財政局で勤めた。地方出向時のトータル10年間もほとんどの期間は財政担当だったので、公務員生活を通じて25年間以上にわたり地方財政に関係してきた。

50歳を過ぎた頃、地方財政の専門から飛び出しどんな社会貢献ができるかを考えた

その私が退職後のことも含めて自分の人生を展望した時、何をすれば最も社会に貢献できるだろうかと考え始めたのが、50歳を過ぎた頃だったと思う。自分は地方財政を研究する学者にはなれそうにないし、役所でやっている程度のことは誰でもできるので、これでは退職したら何の役にも立たないのではないかと考え、自分に何ができるのかを考え始めた。

そして、私が地方財政という専門分野を捨てて飛び出したのが、地域おこしの支援と人材育成である。元来現場主義で、日本全国さまざまな地域に出かけてまち歩きをし、自分の目で確かめ、場合によっては地域の人たちと一緒にまちづくりの議論をしたり、そのために使える国の仕組などを紹介したりすることが好きだった。また、自分の祖父母は4人とも大学から小学校までの教員であり、自分自身も総務省自治大学校長を経験していたので、人材育成には大いに関心があった。

そこで、「私のライフワークは地域おこしと人材育成」と宣言してこの世界に飛び出したわけである。

ライフワークと関連づけて地域活性化センターの改革に取り組んだ第二の人生

おかげで、現在まで、地域活性化センターで8年間勤めさせていただき、その経営体質を完全に黒字に転換させるとともに、お金の横流しではなく人材育成中心の組織に作り変えることに成功した。研修生には仕事の手伝いをしてもらうだけではなく、人材養成塾生として年間100回を超える夕方の勉強会やセンターの主催するセミナーや塾への参加のほか、他の人材育成機関の研修にも積極的に参加（市町村アカデミーは全員が毎年受講、さらに希望者は自治大学校、政策研究大学院大学の夏期講習のほかさまざまな講習会、セミナーにも参加）してもらっている。インターンについてもテレビ・新聞などのマスコミ、民間企業、NPO法人、財団法人、社会福祉法人などに派遣し、自分の目標に対してアクティブラーニングの姿勢で学びを深めてもらい、地域づくりのプランナーとして育てて返している。そのため、年々、センターに学びに来たい自治体職員、学びに行かせたい首長が増え、現在では派遣職員の数が私の就任前のおおむね3倍になった。

私自身、コロナ禍の前に地方に出かけるのは、センターの事業のほか、自分自身の個人事業「経営イノベーション」の活動や、マラソン、山伏行も含めてであるが、年間150日にも及んでいた。

このうちセンターの事業としては、地方創生実践塾等があるが、そのほかにセンターの人材育成事業に興味を持ってくれそうな知事や市町村長の所に折にふれて訪問し、直接語りかけPRさせていただいている。

個人事業の「経営イノベーション」は、2012年の退職直後から2～3年は年間100回近くの講演をこなしたり、あちこちの自治体から顧問やアドバイザーを委嘱されたりしていたので、税務署に青色申告の個人事業者として届出をしたものである。独学とPCソフトの活用で、発生主義の複式簿記の記帳をして毎年確定申告をしてきている。

飛び出す公務員の仲間たちと共同で作成した名刺の裏面デザイン（米子市の若手デザイナーを登用した）

このように、私は東京のデスクに座って、お金を配ったり情報を流したりして地方を采配するのではなく、現場に自ら出かけて行って、首長に語りかけ、地域の方々と一緒になって課題を解決し、それを横にネットワークする、まさに現場主義とヨコのネットワークづくりを目標にして、68歳になろうとする今日も奔走している。

95

本庁20名、島民３００人の島の醍醐味

東京都利島村
荻野《おぎの》 了《りょう》

私が住む利島《としま》村は、人口が約３００人と全国の自治体でも2番目に小さい村である。生まれも育ちも埼玉県所沢市で縁もゆかりもないが、約14年前に移住した、いわゆるIターンだ。島の公務員になりたかったわけでもなく、当時広告代理店に勤め、昼も夜もないような世界だったこともあり、改めて働くことを考えるなかで、単純に島での生活に興味があったのが移住を決めた理由だ。ちなみに1島1村1集落で人口が３００人というのは、半年住めば島民すべての顔と名前が一致する、それくらいの規模である。

役場の職員は保育園、診療所まで含んでも30名もおらず、本庁は20名と少数の職員で行政事務を行っている。職員1人の担当業務は多岐に渡り、東京都でいえば数局にまたがる範囲をカバーする。

島での仕事は何より島民との距離が近い。仕事で朝から農家さんに聞き取り調査に行けば、本題以上に面白い昔の話で盛り上がり、気づけばそのままお昼ご飯までごちそうになることもある。こういうことは島や田舎の醍醐味ではないかと思うし、同時に仕事へのモチベーションがあがる瞬間である。

このようなことを複数経験するうちに島の方たちが「島という範囲が一つの家であり家族である」という感覚を持っていることに気づいた。昔はああだった、こうだったという話は嫌な上司的な話でネガティブに捉えがちだが、島の方たちの昔話は色々な意味で知恵や気づきを与えてくれることが多い。「島出身じゃないからダメ」と言われたことは一度もなく、むしろ「お前みたいに移住してくれるやつがいるからうちの島は持っているんだ」と言ってくださる方がいることに利島の懐の深さを感じる。

私は現在、椿産業振興の担当となり衰退期に入りかけの産業のテコ入れを行っている。さまざまな課題が入り組んでいる状況ではあるが、農家やＪＡとも協働しながら懐かしくも新しい未来を思い描いている。

民間と公務員を経験した者の役割

プルデンシャル生命保険㈱　千葉《ちば》稔弘《としひろ》

私は2008年から約2年間、厚生労働省へ出向し、国家公務員としての仕事を経験した。「飛び出した公務員」とは少し趣が異なるが、民間に加え公務員を経験したことは、貴重な財産となっている。

月並みなことを言えば、官民双方を経験したことで、視野が広がったということは言うまでもない。

厚労省では食品衛生行政や海外との折衝等を任されていた。日々深夜まで激務に追われながらも充実した毎日だった。行政では珍しく自主性が尊重される部門で、自分で考えて動くことが、民間からの出向者である自分にむしろ求められていたのかと思う。

出向終了後は、ニュースで流れてくる法改正や政治・行政の動きを自分事として、また多角的に見ることができるようになった。そして何より、官民双方の多くの人たちと自然体の付き合いができるようになった。何となく別世界だった二つの世界が無意識的に繋がったと感じている。

現在、私的なライフワークとしては、出向時の同僚との同窓会の幹事やOBの立場で全国の自治体等から省庁に派遣されている出向者との交流企画、九州まちづくりオフサイトミーティング（九州OM）等へ参加している。九州OMではこれまで全14回、皆勤賞で最近ではサポート的な関わりもしている。一方、学びの場として食や農林水産業に関する朝活や地域活性化センターのセミナーに積極的に参加をし、毎回刺激を得ている。

恒例のお肉懇親会で仲間と

今後もこれまでの縁はもちろん、新たな学びや出会いを大事に、今後のキャリアにも活かして官民の接着剤的な役割を果たしていきたい。

官民を経験しそれなりに分かる通訳者

岡山県倉敷市　三宅康裕《みやけやすひろ》

公務員だけにはなりたくない！と思い民間企業に就職。そんな私が、今は地方公務員だ。民間時代、環境関連の仕事で全国を回った。ハードで面倒な事も多いが、地域を深掘りでき面白かった。では自分の地域は？恥かしながら何も知らなかった。当時、地元の高《たか》梁《はし》市は平成の大合併の真っ最中。自分達が暮らす町はどうなる。仕事だった地域のことが自分事になった。せめて、仕事の経験が活かせたら。そんな矢先、会社から東京の国所管の法人へ出向となった。帰郷後に活かせたらと市民環境団体を訪ね相談。その時の指導者の先生の言葉が忘れられない。「高梁川流域なら三宅さんと言われるような人になりなさい」。地域に根づき地域と個人が紐づけられる、そんな人材になりなさい、ということだと思うし、そうなりたいと思う。

出向を終え会社復帰後、地元を知るため老舗の高梁地域づくり交流会に、専門を活かすためNPO法人フォレストフォーピープル岡山に参加。NPOでは高梁川流域の企業の森づくり活動なども協働で行っている。

仕事でさまざまな地域と、オフで地元と関わるなかで、公務員は、仕事として本気で地域と関われるとても魅力を感じる存在に変った。縁あってほどなく高梁市と同じ高梁川流域圏のまち、倉敷市に転職。転職後は、公務員のスキルも活かし、移住者の若者達と高梁の移住定住などに関わる梁《はし》クラスも設立した。と、何だか偉そうなことを書いたが、実際は団体の仲間や地域の人達のお蔭で回っている。じゃあ、自分の役割は？官民を経験しそれなりに分かるコウモリ？良く言えば通訳者。両者やその周りを繋ぐのり代。

それと、意識しているのは、現場。民間での地域を深掘りした体験からだ。友人達は、休みまで地域のことで大変じゃなぁ。と言うが、面白いから続く。趣味やレジャーと同じ感覚だ。そして、まずは、自分が楽しむ。じゃなきゃ仲間も続かなし、幸せにならない。

そんな思いで何事も楽しむことにしている。

飛び出す公務員を語る——オンライン座談会

（2021年5月9日実施）

■話し手（※50音順）

飯野直美（地域活性化センター職員／山梨県富士吉田市から派遣中）

井上貴至（山形県山形市副市長／総務省から）

齊藤ゆか（山梨県北杜市職員／元地域活性化センター派遣）

椎川　忍（地域活性化センター理事長／元総務省職員）

都竹淳也（岐阜県飛騨市長／元岐阜県職員）

中西大輔（滋賀県再任用職員／草津市会計年度任用職員）

前神有里（地域活性化センター人材育成プロデューサー／元愛媛県職員／元地域活性化センター派遣）

椎川　２００８年に地域に飛び出す公務員ネットワーク（以下、公務員ネット）、２０１１年には地域に飛び出す公務員を応援する首長連合（以下、首長連合）ができました。当時は飛び出す人は変わり者扱いだったけれど、多様な地域活動、転職、起業など、平成の時代にはいろんな公務員が育ちました。今日は「飛び出す公務員」をテーマにいろいろ話してみたいと思います。

都竹《つづく》　飛騨市長の都竹です。市長になる前は27年間、岐阜県職員をしていました。県職員時代に、「鶏《けい》ちゃん合衆国」という活動を始めました。鶏ちゃんという鶏と野菜を一緒に味噌で焼く県央の郷土料理が、美味しいのに他の地域では知られていなくて。そこで、仲間を集めて２０１２年７月20日「鶏ちゃん合衆国」を建国、私は、国務長官と国立羽ー鶏《ハーバード》大学長に就きました。今も現職です。全国市町村長のなかで国家閣僚を兼ねているのは私だけです（笑）。建国翌年の首長連合サミットで、第１回地域に飛び出す公務員アウォードを受賞しました。現在は、首長連合側に立場が変わり、会長代行を務めています。

中西　私は滋賀県庁をこの３月に定年退職し、再任用で週４日は土地開発公社で企業誘致の仕事を、週１日は草津市会計年度任用職員として、まちづくり協働課のひとづくりコーディネーターという仕事をしています。県と市の職員を兼業というのは珍しいようで、滋賀県では初だそうです。

井上　総務省に入って、地方や国で公務員を続けている井上です。総務省の先輩から引き継いだ朝活「地域力おっはークラブ」を運営しています。人に会うこと、まちに出ることが大好きで、出会った人同士をつなげて新しい花を咲かせる「地域のミツバチ」として、いろんな地域にお邪魔しています。国と自治体、企業をつないでいけたらいいなと思っています。

齊藤　私は２０１３年に北杜市に入り、２０１８年から２年間地域活性化センターに派遣され、今は広報を担当しています。南アルプスがユネスコのエコパークに登録されたときに、エコパークを活用した地域活性化というミッションに若手数人で取り組み、子どもたちと地域の人と一緒に田んぼをつくりながら、地域のよいところを見つける活動をしていました。

飯野　地域活性化センターに来て2年目です。前職を経て２０１１年に富士吉田市に入庁し、固定資産税や生活保護事務などを担当していました。今は日々の業務に必死で、ボランティアに参加するくらいなので、飛び出したい公務員ということでお願いします。

前神　3年前に29年務めた愛媛県庁を退職しました。家族の看護と介護をしながらかなり忙しい部署におり、このままではもたない、人生はまだ長い、力尽きる前に働き方を変えようと思い立ち、まずはフリーランスで出来ることをやってみようと退職しました。

飛び出す公務員は現場主義

椎川　都竹市長は、県職員時代の地域活動が、市政にどのようにプラスになっているとお考えですか。

都竹　役所外の活動があると、仕事が客観視でき、市民と役所の区分けがなくなり、市民の立場で市政が考えられるようになると思います。自分はどんなサポートが欲しかったかなと考えるんです。地域活動していなかったら、気づかなかったと思いますね。

椎川　市職員は、地域で活動している人が多くて、住民の立場で考えるとややこし過ぎる制度はもっと簡単にしようという発想になるけど、県職員だと住民から遠いので、規制する発想になってしまうのかな。

都竹　県職員は地域色がなく、地域活動の匂いがしないけど、市職員は、消防団、地区の役員、子どものスポーツ指導など何かやっているので、まちの困りごとを一緒に解決しようという雰囲気がありますね。

前神　国や県は住民との距離はあるけど、そもそもの役割や機能が違いますからね。分権改革で、国・県・市町村は対等で、立場を生かした役割分担で協力する関係になりました。高齢者虐待防止を担当していた頃、厚生労働省の担当者は超多忙なのに、相談するといつも一緒に考え、背中を押してくれたことがとても心強かったので、私は全力で市町村のサポートをしようと思いました。法的責務は市町村でも、住民と近すぎてやりにくいところは県がやる。市町村職員は家も知られていたりするので、攻撃的な相手は県が対応すると市町村職員を守ることにもなります。最初は重なりながらも、丁度いい役割分担になっていく感じです。

中西　地方分権の試金石とも言われた介護保険制度ができる頃、厚生労働省の役人が直接現場へ行くのに、県・市町村の職員も同行し一緒に学びました。膝を突き合わせ、何度か酒も酌み交わし、一緒に動くなかで同じものを見ても少しずつ目線が違うので、それを融合した仕組みができると、現場はうまく回るんですよね。

椎川　現役時代に驚いたのは、広域連合という仕組みをつくったとき、なかなか活用されなかったところに、厚生労働省が真先に活用し始めました。我々は尾瀬沼の環境保全とかを代表的な活用事例と考えていたから、介護保険や高齢者医療で厚生労働省が活用してくれたのは意外な感じがしたけど、いま中西さんが言ったように彼らは現場を向いていたんですね。

飯野　私は、今までいかに狭いところで生きてきたのかを実感しています。滞納整理をしていた頃、市民に後ろめたいような気持がしてなかなか地域に飛び出せなくて、地域おこし協力隊が面白いことをしているのを、指をくわえて見ていました。でも「ハタオリマチフェスティバル」というお祭りの手伝いをしているうちに、少しずつ世界が広がって、先ほど都竹市長がお話しされたように、行政と市民の分け目がなくなってきて、まさに私が後ろめたいと思っていたのは、市民と分けて考えていたからだと気がつきました。外に知り合いが増えると、税金のこと教えてとか、市のお知らせがわかりにくいよとざっくばらんに話せるようになって、もっと早く地域の方とお話しすればよかったなと思います。

井上　飛び出す公務員って、楽しいし気づきもいっぱいあるけど、まだまだ市役所や県庁のなかでマジョリティになっていないですよね。

椎川　でも、随分広がってきたんじゃないかな。若い人の意識は確実に変わってきて、霞ヶ関でも転職や地域活動、NPO活動をする例が増えていますね。

前神　転職後も役所風土を変える取り組みをしていた

り、プロフェッショナルな立場で共創したり、自らプレーヤーになるなど、まったく違う世界に行くのではなく、飛び出してその先を拓いていく人が増えていますね。

プロジェクトで仕事の枠を越えていく

都竹　薬草のまちづくりというプロジェクトをしておりまして、最初は企画課が担当していました。しかし、市町村合併前から薬草にかかわってきた職員7～8人が、かかわりたそうにしているので、彼らに話を聞くと、勤務時間内にやると周りの人に白い目で見られるって言うんです。そこで、このメンバーを全庁募集にして、市長から辞令を出す形にしました。仕事としてやっていい、出張しても構わない、旅費も出す、でも本務との折り合いは自分でつけなさいよと。

椎川　すごくいいことですね。担当が外れた途端にやらなくなるのは、相手にとって失望につながるんですよね。プロジェクトチーム方式で、異動してもやっていいよというほうが、地域の人も喜ぶと思います。

齊藤　エコパークのプロジェクトチームも、勤務時間内にやってよくて、やっていくうちに勤務時間内外という枠を越えるようになっていきました。

椎川　公務員は、勤務時間内じゃないと仕事と認められにくいから、勤務時間内の仕事として地域に出かけることはオッケーでも、担当業務外で勤務時間中に地域に出かけると何だと言われる。広報でも、職員全員が広報マンというなら、発令して広報担当を各課に置くと随分違うんじゃないでしょうか。

都竹　地域活動をする市職員は増えてきましたが、会社勤めの市民の方達がまちづくりにかかわる時間がなくなっていることが気になります。会社でも人が足りないので、休みの日に地域で活動する余裕がなくなってきているんですね。まちづくり活動は、地域で仕事をしている自営の人が支えてこられたところが大きいです。

中西　職場に拘束される人が多くなっていると感じますね。担当だからではなくて、役所の誰々さんで地域に入ることが大事ですね。

椎川　職務専念義務免除とか特別休暇とか、何かしらの制度も必要ではないでしょうか。

都竹　飛騨市は、有償の活動、NPOなどから報酬を受け取るのもほぼフリーで、地域活動での有給休暇や特別休暇も推奨しています。

椎川　こういうことを、積極的に示していくことは大事ですね。小さい自治体だと、人手が足りないからみんなが多業・兼業をしないといけないだろうし、分業は都会で効率的なシステムで、地方ではかえって非効率な気がしますね。

ソーシャルテクノロジーで新たなつながりが生まれる

前神　SNSを通じて、遠くの人とも交流しやすくなって、ずっと地元でまちづくりをしてきた人も、離れたところからかかわる人も動きやすくなった。形にとらわれず、多様なやり方が生まれているのが面白いなと思います。

飯野　そこに居なくてもかかわれるというのは大きいですね。

前神　分身ロボットの登場で、難病や重度の障害で外出・移動が困難な方々が、遠隔操作で働いたり登校できるようになって、活躍の場が広がっています。公務員ネットでは、太田市の大橋さんが、分身ロボットの活用やテレワークで仕事づくりに取り組んでますね。

都竹　飛騨市では、ヒダスケという「関係案内所」があって、地域プログラムに参画しお手伝いしてもらいながら飛騨市を満喫してもらう取り組みをやっているんです。常連さんのなかに大阪の公務員がいて、飛騨市に観光で遊びに来られたのがきっかけで来てくれるようになって、地域活動に参加されています。

前神　他所の方が参加しやすいこともありますね。地元だと、24時間公務員なので出づらいという方には、他所の地域から始めませんかとお誘いしています。

中西　肩書を外したところの方が動きやすいからね。

齊藤　好きな地域は一つじゃなくていいですもんね。

前神　2地域居住や関係人口、リモートワーク、ワーケションなんてことも次々出てきて、どんどんかかわる地域も広がっていますね。

枠に囚われず、得意を生かし応援し合える関係を築く

椎川　公務員ネットをつくった当時と比べると、飛び出すのは地域だけでなく転職も含めて盛んになったと思うんだけど、みなさんの感覚はどうですか。

中西　公務員ネットができるまでは、職員勉強会とか地域活動をしていることを職場に隠している人は多かったですね。アングラ活動から市民権を得たなあと思いますね。

椎川　まさにそういう風土を変えるには、個人の力ではなかなか進まないということで首長連合を立ち上げてもらったんです。まだ多数派ではないかもしれないけど、わかってくれる首長さんも増えたように思います。自己申告書に、飛び出す活動を書く欄を設けている自治体も増えてきましたね。

前神　飛び出し方は外に出るだけではなくて、外に出る人を中でサポートしたり、法務の知識で支えたり、得意なことの持ち寄りだと思うんです。

椎川　現場に出る人、制度にする人、応援しているよという人がいないとね。財政課みたいに、自分は現場に出られないけど応援しているよという人を仲間にしないといけません。現場で課題を見つける人、こんな制度にしてみたら、こうしたら予算がつくよと応援する人とチームを作れば理想的です。

中西　目立つ人はちやほやされるだけでなく、叩かれることも多いですよ。

前神　確かに叩かれることも多いけど、そんなときにあいだに入ってくれる人もいて、それも1人じゃなくて何人もいて助かったこともあります。

齊藤　行政職のなかにも、その人が向いている分野で働く新しい職種があると面白いんじゃないかと思います。

中西　そうそう。3角形のヒエラルキーのなかでの評価しかしないと錯覚してるけど、キャリアパスが複数あっていいと思います。

前神　最初は、同期は横並びだけど、先に役が付いたりいつの間にか小さな差ができて、内だけを見ている人は気になって悩んでしまう、もっと面白いことがあ

るのにもったいないなあと思いますね。

都竹　人は自己肯定感を求める動物ですからね。仕事だけの一本道でなく、複数活躍する場面があって、どこかであなたがいてくれてよかったと言ってもらえると満足できる。そういうルートをいっぱいつくっておけるのも、地域活動のよいところですよね。

椎川　すごい業績を上げても、みんなが部長になれるわけじゃないから、専門職として処遇をしていくとかね。さっき、キャリアパス複線化の話が出たけど、役所でもそういう処遇はできるような気がします。

井上　役所内副業がもっと増えればいいなと思っていて、仕事の何割かは職員から提案したことをしてもいいとか、加点していくとかいうところまでいけば、風土も制度にもつながると思います。

都竹　コロナ対策のポスターやグッズは、発注する時間もないので、デザインの得意な職員に頼んでいたら、イラストが得意、映像が得意という職員が次々現れて、4月から彼らに兼務でデザイン室という肩書を与えています。これは市役所内専門職ですよ。

齊藤　私も広報紙を変えたら、イラスト描けるよという人が現れて、細かい絵とか描いてもらっています。特技を持った人はたくさんいるし、発揮する場があると自己肯定感が上がりますね。

前神　希望してない部署でも、やりがいが持てるとそこが第1希望だったという錯覚に陥ることもあったりして。どんな仕事もクリエイティブになるし、面白くできるんですよね。逆に、面白いはずの部署なのに面白くないこともあるし、やり方・やらせ方かなと思います。

都竹　職員の強みと仕事が合うかですね。本人が自覚する強みと、外からわかる強みが違うこともあるので、あなたはこれが強いはずですよと配置するとそれが当たっているということもあります。

前神　人事って、日々の上司や同僚との関係性から、どんなチームをつくっていくかにもよりますね。

飯野　苦手を克服するだけじゃなくて、得意を伸ばすのもいいですね。地域活性化センターはバックグラウンドの違う職員が、各々の得意、不得意を組み合わせて新しいものが生まれている感じがします。

前神　地域活性化が公務員の仕事だと思って入ったのに、地域振興部署に配属にされなくて辞めてしまうとか、公務員の仕事が多岐に渡ることを理解しないで悩んでいる若手が気になります。

椎川　公務員は、基本的に命令で仕事をする、自分の好きで仕事をするわけではないからキャリアパスの複線化はある意味で必要かもしれませんね。

都竹　最初の3年は、学校で学んだことや前職に近い部署に配置しています。働くうちに全体の仕事がわかるようになるし、得意なことから始まるので自己肯定感が高まりやすい、スタートが上手に切れる配置です。新規採用職員とは、最初に昼食を一緒に食べるようにしていて、そこで配置理由を伝えています。年齢制限を撤廃し58歳まで受験できるので、多様な人が来てくれて、彼らが役所の雰囲気を変えてくれています。コロナ融資や企業支援を前職が銀行員だった職員がしていますが、基礎があるので全部やれるんですよね。たたき上げ職員だとあそこまではすぐできない。社会人採用の拡大は、いつか飛騨に帰りたいという人たちを市役所に引き込む戦略でもあります。学校を卒業してすぐ帰るのは抵抗があるけど、十何年勤めると親や家のことを悩み始めるんです。30代半ばくらいのときに職員募集があると、受けようという気持ちになる。いま、社会人採用が半数以上ですよ。

椎川　役所の文化は固定化・均質化しているから、中から飛び出し外から入れないと多様化が図れないし、役所が変わって住民のためになる役所になっていかなければならないということですね。

本書の執筆者の略歴は 2021 年 9 月 30 日現在です。

● 本書関連サイト

［地域に飛び出す公務員ネットワーク］
https://www.jcrd.jp/publications/network/

［地域に飛び出す公務員を応援する首長連合］
https://tobidasu-rengo.com/wp/

［本書紹介ページ］
https://book.gakugei-pub.co.jp/gakugei-book/9784761513764/

飛び出す！公務員
時代を切り拓く 98 人の実践

2021 年 11 月 15 日　第 1 版第 1 刷発行
2021 年 12 月 20 日　第 1 版第 2 刷発行

編著者　椎川忍、牧慎太郎、澤田史朗、野﨑伸一
井上貴至、前神有里、後藤好邦、吉弘拓生

発行協力・監修　一般財団法人地域活性化センター
https://www.jcrd.jp/

発行者　前田裕資
発行所　株式会社 学芸出版社
京都市下京区木津屋橋通西洞院東入
電話 075 − 343 − 0811　〒 600 − 8216
http://www.gakugei-pub.jp/
info@gakugei-pub.jp
編集担当　前田裕資

装　丁　見増勇介・永戸栄大（ym design）
印　刷　イチダ写真製版
製　本　新生製本

ISBN 978 − 4 − 7615 − 1376 − 4

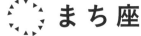